|生活技能 314|

開始在**捷克**
自助旅行

作者◎黃以儒

太雅

「遊捷克鐵則」

- ☑ **捷克人不喜歡被稱東歐！**
  理由：這與歷史有關係，捷克已經脫離共產政權，建議遊客可以使用「中歐」一詞，或直接稱捷克。

- ☑ **進門記得說Hello，離開時說聲Bye Bye**
  理由：捷克人習慣不論進餐館或是店鋪，都會跟店員、司機打招呼，如果不會用捷克語打招呼，只要說聲Hello和Bye Bye，就很好用了！

- ☑ **來捷克一定要品嚐捷克啤酒！**
  理由：啤酒是捷克人的驕傲。捷克的啤酒舉世聞名，捷克人飲酒量也是世界第一，來捷克一定要品嚐一杯。

- ☑ **公共場所全面禁菸！**
  理由：從2017年開始，捷克的公共場所一律禁止吸菸。

- ☑ **見面親臉是兩下不是三下**
  理由：見面親臉是2下而不是3下，在捷克是一邊親一下，並且是與關係較好的朋友或家人才會親臉頰，新認識的朋友一般是以握手表示歡迎。

- ☑ **道地捷克人多是咖啡色頭髮，不是金髮喔！**
  理由：不要以為路上每個金髮美女都是捷克人，基本上都是俄羅斯和烏克蘭裔。而道地的捷克人則是咖啡色頭髮居多。

- ☑ **去餐廳一定要先看好帳單再付費喔！**
  理由：餐廳內的標價基本上都不含小費，小費基本上約5～10%，但是現在很多店的標價都會含10%小費，結帳前千萬要看清楚，小心別付了兩次小費。

- ☑ **行人優先，過馬路一定要走斑馬線！**
  理由：在捷克，行人基本上是第一優先。在沒有紅綠燈的情況下，一定要走在斑馬線上，所有汽車(包含公車)必須禮讓行人優先通過；但電車不在此限制中，因此看到電車來，千萬不要著急過馬路。

- ☑ **公廁基本上都要付錢！**
  理由：在捷克不像台灣，公廁都要付錢，費用大約是10～20克朗。

- ☑ **衛生紙請丟入馬桶！**
  理由：在捷克如廁後，請不要疑惑，衛生紙全都是往馬桶裡沖。

遊捷克必備單字

▲ 在捷克廁所有很多種說法，如：Toaleta、Záchod，如果不知如何用捷克語表達，可直接說WC

中文	捷克語
您好(尊稱或與陌生人打招呼)	Dobrý den
早安	Dobré ráno
午安	Dobryé odpoledne
晚安	Dobrou noc
謝謝	Děkuji
非常感謝	Děkuji moc
再見	Nashledanou
請	Prosím
不客氣(非常正式)	Není zač
不客氣(一般情況)	Prosím
對不起(正式的道歉)	Omlouvám se
對不起(一般情況的道歉)	Promiňte
借過	S dovolením
沒關係	To je fine / To nic
請問一下	Prosím vás
旅途愉快	Šťastnou cestu
祝你有美好的一天	hezký den
祝您用餐愉快	Dobré chutnání! / Dobrou chuť
是	Ano
不是	Ne
我不明白	Nerozumím
我不知道	Nevím
啤酒	Pivo
再來一個／再來一次	Ještě jedno
乾杯	Na zdraví
遲到	Později
太好了	Skvělé
當然	Samozřejmě
幫忙／求救	Pomoc
您可以幫我嗎？	Můžete mi pomoc?
我可以幫您嗎？	Můžu vám pomoci?
多少錢？	Kolik to stojí?
結帳	Zaplatím
廁所在哪裡？	Kde je toaleta?
您有市區地圖嗎？	Máte mapu města?
您有英文菜單嗎？	Máte anglické menu?
等一下	Počkejte
一點點	trochu
×××的捷克語該怎麼說？	Jak se česky řekne …?
請您寫下來	Můžete mi to napsat, prosím.
我的護照／包包丟了	Ztratil jsem pas / tašku.
您來自哪裡？	Odkud jste?
我來自台灣	Jsem z Taiwanu.
您會說英文嗎？	Mluvíte anglicky?
我不會說捷克語	Nemluvím česky.
您好嗎？	Jak se máte?
我很好	Mám se dobře.
您叫什麼名字？	Jak se jmenujete?
我叫彼得	Jmenuji se Petr.

3 Traveling in Czech **So Easy!**

遊捷克 Q&A

Q1 布拉格夜晚治安安全嗎？

基本上治安沒有什麼問題，只是布拉格的夜生活多半以酒吧、夜店為主，入夜後會有較多的醉漢在路上，如果女性獨自行走，需多加留意。

Q2 捷克人是不是都很冷漠？

捷克人的性格通常被認為較為內向、保守，在公共場合不太熱情，也不是特別喜歡笑，我也曾經被同事問說「為什麼要對陌生人笑？」這可能讓初來乍到的人覺得他們「冷漠」。但實際上，當你與捷克人熟悉後，會發現他們其實很真誠。

Q3 在捷克換錢有風險嗎？

有風險。因為捷克政府開放民營匯兌，因此換匯所非常多，換匯的匯率差異極大，如果不學習看匯率兌換，很可能換到很差的匯率，另外也會有人在路上自行找人換匯，這很容易換到假鈔。你可能會問：為什麼不去銀行換匯，因為銀行給的匯率普遍比較不好，就連捷克人也是習慣去匯率好的民營換匯所。

Q4 不會捷克語旅遊會有問題嗎？

過去在捷克旅遊，語言確實是很大的問題，但是捷克政府近年來提倡英語教育，會說英文的人口已大幅提升，再加上翻譯軟體的盛行，所以現在來捷克玩，語言已經不是很大的問題了。

Q5 獨自一人遊捷克，需要注意什麼？

第一，如果住在多人同住的房間，請記得將重要物品隨身攜帶，睡覺時也不離身。第二，不要太晚一個人在外面，有可能遇到醉漢，如遇醉漢，請快速離開。第三，顧好手機，如需請路人拍照，可以找家庭，或是跟你一樣的觀光客，一般我習慣找亞洲人。務必盡量降低手機被人拿走的風險，現在大家習慣將資料存在手機裡，如果沒有手機，會對旅行造成極大的不便，另外建議可以將重要資訊標示在書上，如代表處的電話、酒店的資訊，或是台灣親友的電話，以便在危急時刻盡快取得協助。

5 Traveling *So Easy!* in Czech

看懂標誌

POZOR!
(注意標誌)

地鐵標誌
(箭頭符號代表地鐵，綠底表示地鐵綠線)此站為 Staromstska

郵局標誌

KOUŘENÍ ZAKÁZÁNO
(禁菸標誌)

Akce
(打折的標誌)

ZDRAMA
(免費的標誌)
圖中意思為買2送1

車廂開門鈕

Přízemí (0樓)
0樓等於台灣的一樓

SEM(拉)

TAM(推)

臺灣太雅出版
編輯室提醒

出發前，請記得利用書上提供的通訊方式再一次確認

每一個城市都是有生命的，會隨著時間不斷成長，「改變」於是成為不可避免的常態，雖然本書的作者與編輯已經盡力，讓書中呈現最新的資訊，但是，仍請讀者利用作者提供的通訊方式，再次確認相關訊息。因應流行性傳染病疫情，商家可能歇業或調整營業時間，出發前請先行確認。

資訊不代表對服務品質的背書

本書作者所提供的飯店、餐廳、商店等等資訊，是作者個人經歷或採訪獲得的資訊，本書作者盡力介紹有特色與價值的旅遊資訊，但是過去有讀者因為店家或機構服務態度不佳，而產生對作者的誤解。敝社申明，「服務」是一種「人為」，作者無法為所有服務生或任何機構的職員背書他們的品行，甚或是費用與服務內容也會隨時間調動，所以，因時因地因人，可能會與作者的體會不同，這也是旅行的特質。

新版與舊版

太雅旅遊書中銷售穩定的書籍，會不斷修訂再版，修訂時，還區隔紙本與網路資訊的特性，在知識性、消費性、實用性、體驗性做不同比例的調整，太雅編輯部會不斷更新我們的策略，並在此園地說明。您也可以追蹤太雅IG跟上我們改變的腳步。

taiya.travel.club

票價震盪現象

越受歡迎的觀光城市，參觀門票和交通票券的價格，越容易調漲，特別Covid-19疫情後全球通膨影響，若出現跟書中的價格有落差，請以平常心接受。

謝謝眾多讀者的來信

過去太雅旅遊書，透過非常多讀者的來信，得知更多的資訊，甚至幫忙修訂，非常感謝大家的熱心與愛好旅遊的熱情。歡迎讀者將所知道的變動訊息，善用我們的「線上回函」或直接寄到taiya@morningstar.com.tw，讓華文旅遊者在世界成為彼此的幫助。

開始在捷克自助旅行 最新版

作　　者	黃以儒
總 編 輯	張芳玲
發想企劃	taiya旅遊研究室
編輯部主任	張焙宜
企劃編輯	林孟儒
主責編輯	翁湘惟
修訂主編	鄧鈺澐
封面設計	何仙玲
美術設計	何仙玲
地圖繪製	何仙玲

國家圖書館出版品預行編目(CIP)資料

開始在捷克自助旅行 / 黃以儒作. -- --二版.
-- 臺北市：太雅, 2025.06
　面；　公分. -- (So easy ; 314)
ISBN 978-986-336-569-3(平裝)
1.自助旅行 2.捷克
744.39　　　　　　114003874

太雅出版社
TEL：(02)2368-7911　FAX：(02)2368-1531
E-mail：taiya@morningstar.com.tw
太雅網址：http://taiya.morningstar.com.tw
購書網址：http://www.morningstar.com.tw
讀者專線：(02)2367-2044、(02)2367-2047
　　　　　106020台北市大安區辛亥路一段30號9樓
　　　　　行政院新聞局局版台業字第五○○四號

讀者服務專線：(02)2367-2044／(04)2359-5819#230
讀者傳真專線：(02)2363-5741／(04)2359-5493
讀者專用信箱：service@morningstar.com.tw
網路書店：http://www.morningstar.com.tw
郵政劃撥：15060393(知己圖書股份有限公司)

法律顧問　陳思成律師

印　　刷	上好印刷股份有限公司　TEL：(04)2315-0280
裝　　訂	大和精緻製訂股份有限公司　TEL：(04)2311-0221
二　　版	西元2025年06月01日
定　　價	370元

(本書如有破損或缺頁，退換書請寄至：
台中市西屯區工業30路1號　太雅出版倉儲部收)

ISBN　978-986-336-569-3
Published by TAIYA Publishing Co.,Ltd.
Printed in Taiwan

填線上回函
開始在捷克自助旅行 最新版
https://reurl.cc/NYlj85

作者序

細細體會捷克歷史與生活的各種關聯。

　　捷克位於歐洲地理中心，族群除了捷克人，也有俄羅斯人和德國人和越南人，受到東歐的俄羅斯文化和中西歐，以及共產文化的影響，這讓捷克在文化上表現出多元的特色，也加深捷克文化的厚度。除了文化多元外，捷克的歷史背景也讓人一再玩味，在過去，因捷克拒絕參與戰事，使得捷克成為歐洲古蹟保存非常良好的國家，捷克有許多聯合國文化遺產，這些歷史痕跡使得捷克相對於其他歐洲國家更有味道。

　　如何能在短短的幾天內深度旅遊捷克，一直是我在思考的問題。捷克對於台灣人來說，有別於英語系國家，在文化上相對陌生，因此如何讓旅人更貼近捷克的生活便是本書想要傳遞的訊息。

　　本書將從人文、地理、歷史聊起，更重要的是分享生活觀察，以及風俗習慣。例如，街上賣紀念品的攤販或是換錢所多半是俄羅斯人或土耳其人經營，反而進入非觀光區遇到的捷克人較多；站在景點前，玩家除了拍照外，也可以細細體會捷克歷史與生活的關聯，例如現今的布拉格洲際酒店曾經是卡夫卡的住所，相信這些豐富內涵的歷史景點一定能讓你們有身歷其境的感受。

　　在捷克生活的期間，除了了解捷克人的生活方式，也有許多當地旅遊的一手資料，希望透過本書的撰寫，提供各位詳細又簡潔的旅遊資訊，以及最在地的旅遊情報，讓玩家更輕鬆自在的遊玩捷克。

關於作者

黃以儒

　　台灣屏東人，從在捷克讀書、工作、結婚、生子，轉眼人生三分之一的時光都獻給了捷克，在捷克的日子不僅完成了許多人生的大事，也透過不斷探尋和摸索認識捷克與捷克人。

　　捷克，一個與台灣不論氣候、語言、文化截然不同的地方，確實值得花時間多做停留及了解。希望我能將我在捷克生活的經驗，帶給各位熱愛自助旅行的旅人一些收穫，也希望將我在捷克最真實也最精采的感受與你們分享。

目　錄

- 02 遊捷克鐵則
- 03 遊捷克必備單字
- 04 遊捷克Q&A
- 05 看懂標誌
- 08 作者序、關於作者
- 12 如何使用本書

14 認識捷克
- 16 捷克速覽
- 21 捷克印象

26 行前準備
- 28 旅遊行程規畫
- 32 準備旅行證件
- 34 購買機票
- 35 匯兌及信用卡
- 37 行李打包

38 機場篇
- 40 瓦茨拉夫哈維爾機場
- 42 捷克出入境步驟
- 45 機場到市區交通

50 交通篇
- 52 鐵路
- 56 購買鐵路票
- 64 巴士
- 66 跨國交通推薦

68 布拉格市區交通
- 70 地鐵
- 75 路面電車與巴士
- 77 計程車

78 住宿篇
- 80 住宿種類
- 82 上網訂旅館

84
飲食篇
- 86 捷克用餐須知
- 90 捷克特色餐點
- 97 餐廳推薦
- 101 捷克菜單

102
購物篇
- 104 捷克購物與退稅
- 106 百貨公司及精品店
- 107 日用品商店
- 109 市集及古物店
- 111 捷克特色好物

116
玩樂篇
- 118 布拉格皇家之路
- 124 俯瞰布拉格城市風光
- 128 布拉格巷弄文藝探險
- 138 克倫洛夫
- 141 傑斯凱布提約維次
- 142 卡羅維瓦利
- 144 波傑布拉迪
- 146 庫塔赫拉
- 148 特奇
- 149 捷克瑞士國家公園
- 150 布爾諾、瓦爾季采酒莊巡禮
- 152 來場滑雪之旅吧

資訊符號解說
- ✉ 地址
- ☎ 電話
- FAX 傳真
- $ 費用
- http 網址
- 景點
- 餐廳
- 火車
- ⏰ 開放、營業時間
- ➡ 交通方式
- ⁉ 重要資訊
- @ E-mail
- MAP 地圖
- 購物
- 巴士

156
通訊應變篇
- 158 打電話、上網
- 160 郵寄
- 162 安全叮嚀
- 163 緊急應對
- 166 尋找廁所
- 167 捷克語指指點點

地圖索引
- 封面裡 布拉格地鐵與路面電車路線
- 17 捷克地圖
- 119 布拉格皇家之路地圖
- 124 布拉格城市風光地圖
- 129 布拉格巷弄文藝探險地圖
- 139 克倫洛夫地圖
- 143 卡羅維瓦利地圖
- 145 波傑布拉迪地圖
- 146 庫塔赫拉地圖
- 148 特奇地圖

11 Traveling *So Easy!* in Czech

開始在捷克 So Easy! 自助旅行 12

如何使用本書

本書是針對旅行捷克而設計的實用旅遊導覽書。設身處地為讀者著想可能會面對的問題，將旅人會需要知道與注意的事情通盤整理。專治旅行疑難雜症：辦護照、購買機票、出入境手續、行李打包、搭乘交通工具、行程安排、打國際電話、選擇住宿、APP的使用，本書全都錄。提供實用資訊：必買必吃、玩樂景點、交通工具比較分析表，讓相關連絡資料與查詢管道不再眼花撩亂。

▼ **行家祕技**
內行人才知道的各種撇步及玩樂攻略。

▶ **貼心小提醒**
作者的重要叮嚀、玩樂提示與行程囑咐，叮囑你記得旅程中的細節。

▲ **Step by Step圖文解說**
不管是出入境、租車、搭乘火車、購買交通票等方式，都有文字及圖片搭配，步驟化說明，按部就班不出錯。

13 Traveling **So Easy!** in Czech

▶ **豆知識**
延伸閱讀，在旅途中可增加趣味性的小常識。

▶ **路上觀察**
當地的街頭趣味、城市觀察、特有文化專欄等解說。

▶ **捷克特色餐點**
推薦來到捷克必嘗的特色美食，在地人最喜愛、特色料理如何食用，各式各樣的類別豐富美味，等你來品嘗。

▲ **布拉格分區導覽**
本書介紹布拉格重點觀光路線，利用行程規畫可走遍布拉格各區最精采的景點，並搭配詳細地圖與導覽介紹，充滿樂趣又玩得安心。

▶ **漫遊捷克小鎮**
提供來到捷克一定要造訪的6個精采小鎮，倘若時間足夠，一定要盡情領略捷克的人文風情。

認識捷克
About Czech

捷克,是個什麼樣的國家?

來到捷克,你會發現不僅異國風情濃厚,更像是掉入歷史的洞穴,時間緩慢地展現在你的眼前。
捷克因為沒有地震,以及少有戰爭波及,至今路上隨處可見上百年的建築。
本篇將從地理、歷史、人文、語言、氣候等方面介紹捷克,讓你迅速了解它的風貌。

捷克速覽

捷克距離台灣將近一萬公里。

捷克位於歐洲中心區域，是一個內陸國，東南西北分別有4個鄰國，北邊為波蘭，西北邊是德國，南邊則為奧地利，東南方是斯洛伐克。

捷克小檔案 01

歷史 ｜ 一戰結束後，獨立建國

早期捷克的領土只有波希米亞地區(布拉格及布拉格北邊)，後與摩拉維亞地區(捷克南部)一同納入神聖羅馬帝國，之後又被強大的奧匈帝國接管，一直到西元1918年一次大戰結束後，捷克斯洛伐克獨立建國，並結束了長達6百多年的王朝統治。最終成為獨立國家。

捷克大事件年表

時期	事件
神聖羅馬帝國時期	1002年，納入神聖羅馬帝國
	14世紀，查理四世統治，建設了查理大橋、查理大學及聖維特大教堂
	1419年，發生第一次「扔出窗外事件」，胡斯神父遭以火刑，引發歐洲宗教革命
哈布斯堡家族時期	1526年，由哈布斯堡家族統治，納入奧匈帝國
	1618年，發生第二次「扔出窗外事件」，導致爆發三十年戰爭，影響現今歐洲的國家劃分
1918年	第一次世界大戰結束，捷克與斯洛伐克於1918年10月28日合併為捷克斯洛伐克共和國
1948年	由蘇聯共產黨統治
1968年	要求民主改革的布拉格之春，最後在蘇聯的軍事鎮壓下以失敗收場
1993年	捷克與斯洛伐克解體成兩個獨立國家
2004年	成為歐盟正式會員國

*製表／黃以儒

▲三十年戰爭勝利後，於舊城廣場上立下聖母柱，表達對聖母庇佑的感謝，1918年被毀，於2020年6月4日，捷克雕塑家創作的複製品在原址安裝完成。

▲此地為Obora Hvezda，即白山之役發生的地方，每年9月中，捷克政府會在此舉辦慶祝活動，象徵捷克在歐洲歷史上的地位

17 Traveling So Easy!
in Czech

認識捷克

捷克小檔案 02

地理 | 土地為台灣兩倍大

捷克土地約為台灣的兩倍大，人口數則是台灣的一半。捷克的土地範圍由3個部分組成，包括早期的「波希米亞」、南方「摩拉維亞」，以及靠近波蘭的「西里西亞」(一戰以後分給捷克)。

豆知識

捷克為何叫捷克？

在遠古時代有一名姓捷克的男子，帶著族人尋找一片豐盛肥沃的土地。當他們爬上Sněžka山，環看四周後，決定將此豐饒地區命名為捷克，作為他們的領土。

▶ 捷克第一高峰 Sněžka

捷克基本情報

捷克首都	布拉格，約150萬人
捷克產業	鋼鐵工業、旅遊業以及啤酒業
人口組成	捷克人、斯洛伐克人、俄羅斯、烏克蘭人、越南人、波蘭人及德國人
宗　　教	早年為羅馬天主教及新教；共產統治後，現今較少人信奉宗教
官方語言	捷克語
貨　　幣	克朗
最　高峰	斯涅日卡峰(Sněžka)，海拔為1,602公尺
主要河流	主要河流是北邊的伏爾塔瓦河和南邊的摩拉瓦河
人口總數	1,087萬人 (約台灣一半)
人均年所得	約29,885美元
政治	單一制議會制，2013年總統全面直選

捷克地圖

- ■ 捷克小鎮
- ● 各省分首府

德國 Germany

捷克瑞士國家公園 Národní park České Švýcarsko

Liberec
Ústí nad Labem
Ústecký
Liberecký

卡羅維瓦利 Karlovy Vary
Karlovarský

Středočeský
布拉格 Praha

波傑布拉迪 Poděbrady

Hradec Králové
Královéhradecký

Pardubice
Pardubický

Moravskoslezský
Ostrava

皮爾森 Plzeň
Plzeňský

庫塔赫拉 Kutná Hora-Sedlec

Olomoucký

Jihočeský

Kraj Vysočina
Jihlava
特奇 Telč

Zlínský
Zlín

傑斯凱布提約維次 České Budějovice

Jihomoravský

克倫洛夫 Český Krumlov

波蘭 Poland

奧地利 Austria

斯洛伐克 Slovakia

捷克小檔案 03

節慶故事 | 當地的特殊習俗

女巫節(4月30日)

捷克從中世紀開始就有女巫的傳說，相傳4月30日這一天，女巫的法力達到最高，因此人們會在山丘上點燃營火自保，從而衍生出焚燒女巫的誤解，今日的「燒女巫」也成為當地熱鬧的慶典。大家會扮成女巫的樣子，到山上舉辦烤肉營火晚會，並焚燒用稻草做成的女巫。

捷克情人節(5月1日)

世紀捷克浪漫派詩人卡爾馬古曾作抒情詩〈五月〉，勾起了捷克人對於5月1日浪漫的嚮往。直到現在，每年只要到了這一天，布拉格的佩特斯公園到處都是一對對的戀人。

▶ 相傳只要在5月1日到櫻花樹下親吻，就可以相愛一輩子

聖瓦茨拉夫節(9月28日)

聖瓦茨拉夫節是慶祝豐收的節日，也是捷克的建國之日。傳說，不管在多麼黑暗的時期，只要瓦茨拉夫公爵騎著馬前來，揮舞手中的劍，所有的敵人就會退去，因此黑夜會消失，黎明會升起。在聖瓦茨拉夫節這一天，人們會喝著葡萄酒慶祝，祈求今年風調雨順，穀物豐收。

▲ 國家博物館前的聖瓦茨拉夫雕像，成為帶領人民的精神象徵

聖尼古拉斯節(12月5日)

聖尼古拉斯節也是捷克的萬聖節，這一天街上到處都有人扮演天使、惡魔及聖尼古拉斯，發送糖果表揚孩子們，或是處罰調皮搗蛋的小朋友。

捷克小檔案 04

氣候 | 四季分明，早晚溫差大

捷克四季分明，夏天不算太熱，但冬天較為寒冷。早晚溫差大，最多甚至有20度的溫差。

	冬季12～2月	夏季6～8月	春季3～5月／秋季9～11月
平均溫度	–10～5℃	20～30℃	5～20℃
日照時間	07:00～16:00	05:00～21:00	06:00～18:00
穿著	保暖大衣＋圍巾＋輕便的衣服＋手套	體感乾熱，著基本夏裝	涼爽微冷，著輕便防風大衣＋圍巾
室內空調	室內有暖氣，大衣裡面不需要穿太厚	一般住家都沒有安裝冷氣	10月起公共空間會開啟暖氣；約3月底復活節後關閉暖氣
特例	一般來說，捷克冬天氣溫不會太低，但寒冬時氣溫會達–20℃	夏天氣溫有時會高達38℃，持續3～4天後，便會短暫降雨	一般復活節前後是捷克的雨季，記得一定要帶傘
休閒活動	滑雪、溜冰、聖誕市集、11月底～1月初的折扣月	划船、湖邊游泳、享受日照時間到21:00的時光、卡羅維瓦利電影節、8月的夏季折扣	春季：踏青賞櫻、野餐、復活節、布拉格音樂季。秋季：品葡萄酒

＊製表／黃以儒

捷克小檔案 05

航程 | 直飛布拉格約12小時

台北與布拉格已開通直航,航程約為12小時,也有轉機的靈活選擇,如從上海、北京、仁川、伊斯坦堡、杜拜等,飛行加上轉機時間,約16~18小時。

▲布拉格機場第二航廈

捷克小檔案 06

時差 | 台灣時間減6或7小時

一般捷克的時間是GMT+1,但從3月最後一個週日凌晨2點,到10月最後1個週日凌晨1點59分實行夏令時間,時間須提前一個小時GMT+2。

台灣時間	捷克夏季時間 (台灣－6小時)	捷克冬季時間 (台灣－7小時)
12:00	06:00	05:00
18:00	12:00	11:00

捷克小檔案 07

營業時間 | 全年無休制

捷克的商店除了幾個特定的大型國定假期會休息之外,其餘的營業時間採取全年無休制。國定假日當天連超市都強制休息,只有少部分餐廳會開放,建議前一天預先準備好水及食物。

▲UGO是捷克著名的輕食連鎖餐廳,主打健康飲食

營業時間一覽表

類別	營業時間
超市	07:00~22:00(偏遠地區約20:00)
市中心的迷你超市	06:00~00:00(部分店家24小時營業)
購物商店	10:00~21:00
購物中心	09:00~21:00
一般餐廳	11:00~23:00
咖啡館(包含星巴克)	08:00~21:30(市中心部分店家07:00營業)
小酒館	11:00~01:00
連鎖速食店	07:00~00:00 (火車站與巴士站附近的麥當勞、KFC為24小時營業)
換匯所	09:00~20:00/21:00
銀行	09:00~17:00(週末休息)
地鐵站人工售票處	06:00~20:00(12:45~13:15午休,週末休息)
郵局	08:00~19:00/20:00(週末休息) 郵政總局:02:00~00:00(週末正常營業)

＊製表/黃以儒

國定假日一覽表

日期	節假日名稱
1月1日	新年
4月初	復活節
5月8日	解放日
9月28日	建國日(聖瓦茨拉夫節)
10月28日	捷克斯洛伐克獨立日
12月24日	聖誕夜(只上班半天)
12月25、26日	聖誕節

＊製表/黃以儒

路上觀察 捷克的樓層標示

捷克的樓層跟其他歐洲國家一樣,0樓指的是亞洲國家的1樓,也就是平面層;而1樓指的是亞洲國家的2樓。

台灣1樓	捷克0樓	přízemí
台灣2樓	捷克1樓	první patro

認識捷克

捷克小檔案 08

貨幣 | 1捷克克朗：1.3～1.4台幣

捷克雖然於2004年加入歐盟，但至今依然使用捷克克朗。捷克克朗與台幣比大約1：1.3～1.4。目前在台灣無法更換到捷克克朗，所以需持歐元或美金，再到捷克國內的換匯所更換(詳見P.35)。除了以下介紹的貨幣，捷克還有5,000克朗面額的紙鈔，但市面上已不太流通。

▲20克朗：波西米亞公爵普熱米斯爾‧奧托卡一世(1155～1230)

▲50克朗：波西米亞的聖艾格納斯(1211～1282)

◀100克朗：神聖羅馬帝國的查理四世(1316～1378)

◀200克朗：哲學家，教育家，作家，約翰‧阿摩司‧誇美紐斯(1592～1670)

◀500克朗：女作家，鮑日娜‧聶姆曹娃(1820～1862)

◀1,000克朗：史學家，政治家，弗朗茨什克‧帕拉茨基(1798～1876)

◀2,000克朗：女高音歌唱家艾米‧黛絲汀(1878～1930)

捷克小檔案 09

治安 | 提高警覺，但無需過度緊張

捷克的治安基本上沒有問題，多加小心也可以放鬆遊玩。只是要提防「小偷」，以下是露露在此生活多年的經驗，旅遊時請多留意。

■包包要記得隨時拉上，在擁擠的地方(如地鐵等)，請將包包放置身體前方。
■隨時留意身邊的情況，小偷多半採取集體行動，最好避開人群。
■在餐廳用餐時，請勿將包包放在椅背後，也勿將手機放在桌上，務必收好。

▲觀光區常見騎馬巡邏的警察

捷克小檔案 10

電壓 | 220V，需轉換插頭

捷克與其他歐洲國家一樣，電壓同樣為220V，插頭也與其他多數歐洲國家相同，為前端兩隻圓形的金屬。一般而言，筆記型電腦、手機及相機都有內裝變壓器，可以直接接上轉接插頭；但一般電器如吹風機，並沒有附變壓器，請先裝上變壓器再使用。

▶捷克的插頭及插座

捷克小檔案 11

飲水 | 可以直接飲用自來水

來捷克遊玩，可以直接飲用水龍頭裡的自來水，如果不習慣，可以在一般超商買瓶裝水，1公升約台幣20元。一般來說，捷克的餐廳沒有提供免費的茶水，單點水的價格，0.5公升大約台幣60元。罐裝水分為有含氣泡(perliva voda)及無氣泡(neperliva voda)兩種，購買前請先看清楚。

▲路上提供的飲用水裝置

捷克小檔案 12

語言 | 英文也可以通

捷克有自己的語言系統，稱為捷克語，傳承自斯拉夫語系，與俄羅斯語相近。捷克語的字母基本上與英文相同，發音也與羅馬拼音相似，基本上看到字母就如同看到音標。

字母	音標	字母	音標
Á á	/a/ 長音的阿	Č č	/tʃ/
Ď ď	/ɟ/	É é	/ɛː/ 長音的A
Ě ě	/ɛ/, /jɛ/	Í í	/iː/ 長音的一
Ň ň	/ɲ/ 矗	Ó ó	/oː/ 長音的喔
Ř ř	/r/ 雪	Š š	/ʃ/
Ť ť	/c/	Ú ú	/uː/ 長音的烏
Ů ů	/uː/	Ý ý	/iː/ 長音的一
Ž ž	/ʒ/		

＊製表／黃以儒

捷克小檔案 13

捷克印象 | 捷克名人及代表性作品成就

文學界
- 法蘭茲・卡夫卡(Franz Kafka)：《變形記》(Die Verwandlung)。
- 米蘭・昆德拉(Milan Kundera)：《生命中不能承受之輕》(Nesnesitelna lehkost byti)。
- 赫拉巴爾(Bohumil Hrabal)：《過於喧囂的孤獨》(Prilis hlucna samota)。

藝術界
- 茲德內克・米萊爾(Zdenek Miler)：動畫《鼴鼠的故事》(Krteček)。
- 大衛・切厄尼(David Cerny)：捷克當代著名雕塑家，擅長政治諷刺。
- 阿爾豐斯・慕夏(Alphonse Mucha)：捷克著名插畫家。
- 伊娃・伊日奇娜(Eva Jiřičná)：捷克知名玻璃設計師。

▲《鼴鼠的故事》是捷克人家喻戶曉的動畫

▲大衛切厄尼的作品《聖瓦茨拉夫騎死馬》(St. Wenceslas riding a dead horse)

認識捷克

政治界
- 托馬斯・馬薩里克(Tomáš Garrigue Masaryk)：捷克斯洛伐克的首任總統，被尊稱為國父。
- 瓦茨拉夫・哈維爾(Václav Havel)：捷克前總統，被譽為捷克民主象徵。

音樂界
- 德弗札克(Antonin Leopold Dvořák)：《新世界交響曲》(New World Symphony)。

體育界
- 伊凡・藍道(Ivan Lendl)：網球單打世界第一，8座大滿貫冠軍。
- 彼得拉・科維托娃(Petra Kvitová)：女子網球單打2座大滿貫冠軍。

演藝界
- 伊娃・赫茲高娃(Eva Herzigová)：全球知名超級名模。
- 米洛斯・福爾曼(Miloš Forman)：導演，曾獲得2座奧斯卡最佳導演獎。

揚名國際的品牌
- 斯柯達汽車(Škoda Auto)：斯柯達是捷克最大的汽車製造商，成立於1895年，銷售範圍遍及全球。
- 皮爾森啤酒(Pilsner Urquell)：世界上第一張金色拉格啤酒的原產品牌，創立於1842年。
- 巴塔鞋業(Baťa)：全球知名的鞋類品牌，成立於1894年，以其高品質和舒適的鞋類產品聞名。
- 莫瑟水晶(Moser)：創立於1857年，世界領先的高端玻璃和水晶製造商。
- Avast、AVG：兩家全球知名的網路安全防毒軟體公司。

豆知識

好電影推薦

捷克的電影產業在中東歐具有領頭羊的地位，不僅有全世界知名的電影學院，每年7月更在Karlovy Vary舉行一年一度的電影盛事。對不了解布拉格這座城市的人，《有希望的人》、《布拉格練習曲》都是認識布拉格很棒的管道。

- 《有希望的人》(Men in Hope／2005／喜劇片)：描寫了現代捷克人的愛情觀以及生活觀。
- 《布拉格練習曲》(Empties／2007／喜劇片)：描述一個受夠生活的老師，尋找事業與愛情第二春的故事。
- 《我伺候過英國國王》(I Served the King of England／2006／劇情片)：改編自赫拉巴爾同名著作。
- 《類人猿行動》(Anthropoid／2015／戰爭片)：講述第一次世界大戰時，捷克人如何正面抵抗納粹入侵。
- 《冰媽媽》(Bába z ledu／2017／劇情片)：講述一位年長女性在喪偶後重新發現生活，並理解自己。

▲此教堂位於跳舞的房子附近，也是電影《類人猿行動》的拍攝現場，此處正是當年刺殺海德里希的英勇捷克士兵最後的抵抗現場。

認識捷克的聖誕節與復活節

平安夜、聖誕節

聖誕節前夕，人們忙著聖誕節布置，有嶄新一年之意，主要的裝飾物為槲寄生(Jmelí)。另外像聖誕紅則表示祝福健康之意。到了平安夜和聖誕節這幾天，不僅各個店家超市沒有營業外，路上行人簡直少之又少，因為大家都在屋裡慶祝聖誕節的到來。

在捷克的平安夜晚餐習慣吃炸鯉魚，並將魚鱗與硬幣放在盤子下，最後將魚鱗放進錢包裡，代表新的一年會很有錢。另外，由捷克媽媽製作並準備分送給親朋好友的甜點也是重頭戲，有象徵新生的聖誕蛋糕(Vánočka)、聖誕點心(Cukroví)、薑餅或薑麵包(Perník)。

▶ 馬鈴薯沙拉和炸鯉魚，是平安夜中最傳統的佳肴

聖誕市集

舉辦時間大約在11月底～1月6日。

▶ 點亮舊城廣場上的聖誕樹是每年的重頭戲，通常在11月最後一個週末舉行

▲ 在平安夜點蠟燭也是捷克人的傳統之一

行家祕技 禮物日(Boxing Day)

所謂的禮物日就是打折日，捷克的禮物日特別長，大約持續2個半月之久，通常是11月中～1月底，折扣也隨著時間進入尾聲越來越低，最多可以到1折。

代表性聖誕市集

	地點		時間
主要聖誕市集 (觀光區)	舊城廣場(Staroměstské náměstí)	最大最具代表性	10:00～22:00，12/24～25照常營業
	瓦茨拉夫廣場(Václavské náměstí)		10:00～20:00
	共和廣場(Náměstí Republiky)		10:00～20:00
	聖喬治亞廣場(St. George's Basilica)		10:00～20:00
次要聖誕市集 (非觀光區)	和平廣場(Náměstí Míru)		10:00～20:00
	地鐵天使站前廣場(Anděl metro)		10:00～20:00
	堤勒廣場(Tylovo náměstí)		10:00～19:00

* 在和平廣場、地鐵天使站前廣場，以及堤勒廣場的3個市集，都可以買到聖誕樹和鯉魚
* 製表／黃以儒

捷克式的復活節

復活節是標準的基督教節日，但同時也是專屬於捷克人歡慶春天的日子。在捷克傳統中，鞭子和水是復活節兩大主角。鞭子是用柳樹樹枝編成，男生會用鞭子來輕拍女生(通常是打臀部)，象徵祝福青春及長壽之意，女生也會回敬彩蛋作為禮物；而潑水則是南部摩拉維亞的傳統風俗，象徵青春和春天的到來。

復活節市集

舉辦的時間大約在每年3月中～4月初。

▲復活節到處可見鞭子和彩蛋的裝飾

代表性復活節市集

	地點	時間與備註
主要復活市集 (觀光區)	舊城廣場(Staroměstské náměstí) **最大最具代表性**	每日10:00～22:00 *主題活動，例如：兔子大賽
	瓦茨拉夫廣場(Václavské náměstí)	每日10:00～22:00
	共和廣場(Náměstí Republiky)	每日10:00～22:00
次要復活市集 (非觀光區)	和平廣場 (Náměstí Míru)	每日10:00～19:00
	地鐵天使站前廣場(Anděl metro)	

*製表／黃以儒

捷克的在地特色

▲Kino是捷克語中電影院的意思,捷克人相當愛看劇跟電影

捷克的電影配音

捷克的配音技術可以算是世界第一,基本上所有電視節目、院線電影都會換上捷克配音,對於來這裡生活的外國人,可以算上捷克的奇妙景象。不過現在政府對英文相當重視,所以也慢慢改成原配音及捷克字幕。

捷克的常見名字

在捷克不難發現各式各樣的同名現象,女生最多人叫Jana,男生最多人叫Jakub (每年的熱門名字都有些變化)。在捷克還有將365天與365個名字做成的日曆對照表,如果你在日曆上發現你的名字,這一天就是你名字的紀念日。

http 姓名日曆對照表:ppt.cc/fzyLMx

布拉格街頭裝置藝術

■《卡夫卡雕像》為雅羅斯拉夫・魯達(Jaroslav Róna)的作品,靈感來自卡夫卡(Franz Kafka)的同名短篇小說,強調人類存在的困惑與孤獨。
✉布拉格杜什尼路上(Dušní ulice)

■《持傘的人》為米榭爾・特拉帕克(Michal Trpák)的作品,作品給人一種生命如浮雲般輕盈的感覺,喚起人們對生活的詼諧和幽默感。
✉Odborů 1, 120 00 Nové Město, Tschechien

▲米榭爾・特拉帕克的作品《持傘的人》

認識捷克

25 Traveling So Easy! in Czech

行前準備
Preparation

出發前,要做什麼準備呢?

前往捷克前,除了滿心期待出去玩以外,更要在旅行前做好相關證件、護照、歐元、機票、交通票、住宿等準備,這些事情準備就緒了,才能安心的出遊。

旅遊行程規畫

妥善利用記事本，可以更有效率的為旅行做準備。

基本事項準備

準備事項	說明	詳見	已辦
1.確定日期	旅行時間及行程規畫。		
2.預訂機票	利用Skyscanner、易遊網等代訂網站訂購。		
3.查看證件有效日期	確認護照有6個月以上的有效期。		
4.辦理國際駕照等證件	租車須在台灣換發國際駕照，並攜帶身分證。		
5.查詢機場交通、市區交通票	可搭乘巴士、機場快捷、計程車等交通工具。		
6.預訂捷克境內車票	提早預訂較便宜。		
7.預訂住宿	利用Booking.com、Airbnb等網站訂購。		
8.預訂音樂會	提前預訂，以免向隅。		
9.換匯(歐元換克朗)	務必攜帶歐元到捷克換克朗。		
10.整理行李	攜帶符合季節的衣物。		

旅行天數規畫

布拉格位於捷克的中心，建議以布拉格為中心擴散式玩法，就算前往最遠的小鎮大概也只需要2個小時左右即可抵達。

各城市建議旅遊天數

城市	建議停留天數
布拉格	3～4天
西捷：卡羅維瓦利(溫泉鎮)	1天
東捷：庫塔赫拉(人骨教堂)＋波傑布拉迪(溫泉鎮)	1.5天
西南：克倫洛夫小鎮＋白堡：赫魯博卡城堡	1.5天
南捷：布爾諾＋酒莊＋萊德尼采城堡	2天
特奇小鎮	1天
捷克瑞士國家公園	1天

8天7夜行程規畫

	行程一 白天	行程一 夜宿	行程二 白天	行程二 夜宿
Day 1	布拉格	布拉格	布拉格	布拉格
Day 2	布拉格	布拉格	布拉格	布拉格
Day 3	瑞士國家公園	布拉格	布爾諾	布爾諾
Day 4	庫塔赫拉	庫塔赫拉	Milkov酒莊	布拉格
Day 5	波傑布拉迪＋遊船	布拉格	庫塔赫拉	布拉格
Day 6	卡羅維瓦利	布拉格	卡羅維瓦利	布拉格
Day 7	白堡	克倫洛夫	白堡	克倫洛夫
Day 8	克倫洛夫	哈修塔特	克倫洛夫	哈修塔特

▲行李可以寄存在布拉格中央火車站

▲市中心常舉辦各種戶外活動

▲布拉格機場內隨處可見友善育兒的遊樂場

捷克的節慶與假期

季節	日期	節慶／國定假日	說明
春	3月～4月(每年不同)	耶穌受難日	復活節前的週五。彈性放假
春	3月～4月(每年不同)	復活節	強制放假，超市及商場不營業
春	5月1日	勞動節／捷克情人節	彈性放假
春	5月8日	解放日	強制放假，超市及商場不營業
夏	6～7月	卡羅維瓦利電影節	東歐最重要的電影盛事，於卡羅維瓦利小鎮舉行
夏	6月中	五指玫瑰音樂節	於克倫洛夫小鎮舉行，為期三天。這三天會進行全鎮角色扮演，重回文藝復興時期。入城需門票
夏	7月5日	斯拉夫傳教士西里爾和美多德紀念日	彈性放假
夏	7月6日	楊胡斯紀念日	彈性放假
秋	9月28日	建國日(聖瓦茨拉夫紀念日)	強制放假，超市及商場不營業
秋	10月中	布拉格燈光節	每個景點區都有獨特的燈光秀
秋	10月28日	捷克斯洛伐克獨立日(國慶日)	每個景點區都有獨特的燈光秀，超市及商場不營業
秋	11月17日	自由民主抗爭日	彈性放假
冬	12月5日	聖尼古拉斯節	彈性放假
冬	12月24日	平安夜	強制放假
冬	12月25日	聖誕節	強制放假，超市及商場不營業
冬	12月26日	聖史帝芬日	強制放假，超市及商場不營業
冬	1月1日	元旦	強制放假。當日18點有煙火秀，超市及商場不營業
冬	1月第一週	三王節	在布拉格舊城廣場和查理大橋巡禮

＊強制放假：商場及超市都不營業；彈性放假：商場和超市維持營業　＊製表／黃以儒

特色活動推薦

捷克一年四季各有不同的特色，推薦每個季節必體驗的熱門活動。

- **春天**：遊賞櫻花，照片拍不完。推薦活動：布拉格佩特辛公園賞櫻花、復活節慶典(4月初)、瑞士國家公園自然徒步。
- **夏天**：白晝變長，活動行程從早跑到晚。推薦活動：卡羅維瓦利電影節(6～7月)、克倫洛夫泛舟、玫瑰節、造訪庫特娜赫拉銀礦節(6月底)。
- **秋天**：品酒賞楓的好時光。推薦活動：布爾諾周邊小鎮的酒莊探訪、布拉格音樂饗宴、克倫洛夫賞楓葉。
- **冬天**：盡情滑雪，享受純白雪景。推薦活動：聖誕市集、布拉格三王節(1月初)、捷克北邊滑雪、捷克溫泉體驗。

▲人們穿著傳統服飾在街上慶祝

▲一般咖啡店的咖啡售價約70～90克朗

基本消費

和西歐國家相比，捷克的物價相當親民，大約與台北市的物價相同，如果不想隨便吃吃，想上好一點的館子吃一頓好吃的，也不會覺得特別有負擔。

項目	金額(克朗)	折合金額(台幣)
麥當勞大麥克套餐	175	245
星巴克拿鐵	115	160
一般咖啡店拿鐵	70	100
瓶裝水(500ml)	超市：15 景點區：30	20 45
可頌	15	20
三明治	80	112
烤豬腳	469	655
簡餐店	200	280

*製表／黃以儒

31 Traveling **So Easy!** in Czech

行前準備

預算準備

以下根據一人8天7夜的捷克行程做估算，主要納入住宿費、交通費、餐費、參觀門票等作基本項目，至於購物則可視個人情況自行估算。

	住宿費	交通費	餐費	門票	總額 (1克朗：1.4台幣)
小康預算	約14,000克朗 (2,000×7晚／2人) ■中上的飯店或民宿，以雙人房計算，取旅遊淡旺季的中間值	約2,330克朗 ■布拉格3天票330克朗 ■前往捷克4個城市來回票約2,000克朗	約8,000克朗 (1,000×8天) ■早餐：麵包＋咖啡 ■中餐：餐廳 ■晚餐：餐廳	約3,000克朗 (約10次的景區參觀門票) 註：捷克大部分的景點都對大眾開放，入內參觀才須購票	含參觀門票約27,300克朗(台幣約38,220)
背包客預算	約3,500克朗 (500×7晚) ■青年旅館 (約4人床房型)	約2,330克朗 ■布拉格3天票330克朗 ■前往捷克4個城市來回票約2,000克朗	約4,000克朗 (500×8天) ■早餐：麵包＋咖啡 ■中餐：超市 ■晚餐：餐廳		■含參觀門票約12,000克朗(台幣約17,962) ■不含參觀門票約9,830克朗(台幣約13,762)

＊製表／黃以儒

路上觀察　如何看懂捷克門牌

捷克的大門都會掛著兩個顏色的門牌，一個是紅色的，一個是藍色的。到底要怎麼看呢？藍色是門牌，而紅色的號碼是指建築物號碼(在捷克很常見到單一棟建築物就是一個街區)，千萬不要認錯了喔！

隨堂測驗：請問右圖上面的地址是指？
①Cihelna 102/2, 118 00 Malá Strana (門牌是2號)
②Cihelna 2/102, 118 00 Malá Strana (門牌是102號)

▲藍色才是門牌號

請注意 Google搜尋時記得要打上街區碼，否則會鬧烏龍喔！

▲02為街區碼

答案：解答請倒過來看，放在本專欄BOX的最下面
① 是正解。Cihelna為街路名，102為建築物編號，2號是門牌。

準備旅行證件

出發前記得檢查證件是否到期。

護照

沒有護照的旅客或護照半年內即將過期者，需申請護照。可以先上外交部網站查詢，再自行到外交部辦理，或委託旅行社辦理(委託辦理者，需至任一戶政事務所辦理委託手續，才能交給委任代理人辦理護照)。

申辦護照所需文件、費用與天數

- 填寫護照申請書一份
- 身分證正本及正、反面影本各一份
- 白底彩色照片兩張
- 18歲以下者須備父或母或監護人之身分證正本及正、反面影本各一份
- 男性已服兵役者，須持相關兵役證辦理
- 若護照將到期，則須繳交尚在有效期的舊護照
- 費用：1,300元台幣
- 一般件為10個工作天，遺失補發件為11個工作天

簽證

捷克是歐盟會員國，同時也是申根國。因此持有有效的台灣護照，不需要額外辦理簽證，6個月之內最長可停留90天。若需要90天以上的長期簽證，可以洽捷克在台協會辦理。

請注意 歐洲預計2025年將效仿美國，實施「歐洲旅行電子許可證」(ETIAS)，旅客需提前線上完成入境登記。目前相關辦法尚未公告，出發前，請密切注意外交部網站的相關公告。

免簽入境需要的文件

免簽並不代表無條件入境申根區，最終決定權依然在於入境國家的海關，入境時最好備妥相關文件。

- **有效護照**：6個月以上的有效護照
- **機票**：來回機票，可以拿出電子機票行程單
- **住宿**：預訂房間紀錄
- **財力證明**：足以證明旅遊期間必要花費的證明，但不可以帶超過1萬歐元的現金
- **醫療保險**：旅遊醫療保險並非免申根簽證方式入境的必要條件，若有需要在歐洲看病，也可以回台灣後，申請健保補助
- **申根保險**：屬於醫療保險的一種，海關通常會以抽查的方式要求查看，可以在桃園機場出境前購買
- 若攜帶未滿14歲之兒童同行，需有親屬關係或監護人同意書

33 Traveling So Easy! in Czech

行前準備

其他證件

ISIC國際學生證

在歐盟國家有提供許多針對學生的福利,例如餐廳、書店等都享有些許折扣。但針對政府機構所發行的學生票如交通票,則必須要有捷克核發的學生證才能享有。

國際駕照

如果在旅行中想要租車的遊客,可以在台灣換發國際駕照,此外也建議大家記得攜帶身分證,因為有些租車公司需要護照以外的本國居留證雙重證明,才願意讓客人租車。

台胞證

現今很多台灣飛往捷克或其他歐洲國家的飛機,會到中國其他城市轉機,即便只是轉機,也需要台胞證才能夠登機,若需前往中國其他地方轉機的遊客,請不要忘記辦理台胞證。

保險

歐盟海關有權利要求旅客出示醫療保險,作為到歐洲旅遊的保障。遊客在出國前可以先行購買保險,或是妥善利用台灣健保制度。(在國外看病後,可回台以健保身分申請「自墊醫療費用核退」補助)。

護照這裡辦

外交部領事事務局
www.boca.gov.tw

台北　台北市濟南路一段2-2號3～5樓
　　　(02)2343-2888
　　　週一～五08:30～17:00(中午不休息,週三延長至20:00)

台中　台中市南屯區黎明路2段503號1樓
　　　(04)2251-0799
　　　週一～五08:30～17:00(中午不休息,週三延長至20:00)

嘉義　嘉義市東區吳鳳北路184號2樓之1
　　　(05)225-1567
　　　週一～五08:30～17:00(中午不休息,週三延長至20:00)

高雄　高雄市苓雅區政南街6號3～4樓
　　　(07)715-6600
　　　週一～週五08:30～17:00(中午不休息,週三延長至20:00)

花蓮　花蓮縣花蓮市中山路371號6樓
　　　(03)833-1041
　　　週一～五08:30～17:00(中午不休息,週三延長至20:00)

資料時有異動,請以官方公布最新資料為主

其他證件這裡辦

國際駕照
各縣市監理處
台幣250元
當天申請當天拿
所需文件:護照、駕照、身分證及2吋照片兩張

ISIC國際學生證
康文文教基金會:台北市忠孝東路四段142號5樓505室。也可郵寄
台幣400元
當天申請當天拿,郵寄辦理工作天數為7天
所需文件:2吋或1吋的證件照一張、在台全職學生證明文件(如學生證)。郵寄需要:43元回郵信封,請務必寫上收件人地址及姓名

台胞證
台灣沒有辦事處,僅能找代辦
約台幣1,500元
7天工作天
所需文件:護照正本(需有6個月以上效期)、身分證正、反面影本(14歲以下需加附三個月內的戶籍謄本正本,不接受戶口名簿影本),未滿16足歲者,需附上監護人身分證正、反面影本

資料時有異動,請以官方公布最新資料為主

購買機票

利用購票網站比價，不僅可以節省荷包，更可以找到符合自己的旅行方式。

傳統航空（台灣飛往捷克）

目前台灣有直飛捷克的班機，可使用Skyscanner、背包客棧便宜機票或易遊網進行查詢、購買，網站中可以根據自己的預算及時間進行篩選。

請注意 若是搭乘聯合航運（兩段航程，由不同的航空公司提供），購票前請注意行李重量額度，以免超重受罰。一般經濟艙託運行李為23公斤，手提行李為10公斤。

購買機票看這裡

Skyscanner http www.skyscanner.com.tw
背包客棧便宜機票 http www.backpackers.com.tw/forum/airfare.php
易遊網（適合購買年票）http light.eztravel.com.tw
Wego http www.wego.tw/flights
Expedia（適合買機票＋酒店）http www.expedia.com.tw

資料時有異動，請以官方公布最新資料為主

廉價航空（歐洲境內線）

廉價航空適合攜帶簡易行李的旅客，機票可從Skyscanner、背包客棧便宜機票、Wego等網站查詢、購買。搭乘廉航要特別注意行李限重及尺寸等規定，通常只有登機行李是免費的，但有重量限制，且近年來在尺寸方面有相當多的限制與規定，購買前需先衡量自己的行李狀況，確認是否划算再預訂。

▲廉價航空行李需額外付費

貼心小提醒

廉價航空注意事項

■確認機場交通：許多廉價航空的機場都非在主要機場，位置偏遠交通不便，要到市中心又得花上一筆交通費。

■務必早到：廉航的Check in時間較短，通常會提早45分鐘關閉，若是錯過，當場再買機票可是非常昂貴。

■機上不提供免費的食物及水。

■行李規定：託運行李必須加購，手提行李限重及尺寸嚴格控管。

■上網Check in：許多廉航都要求乘客自行上網登記，現場會收手續費。

匯兌及信用卡

機場換匯匯率不理想，建議小額換匯。

換匯

捷克人習慣使用捷克克朗，50歐以內的面額最好用。部分商家可以接受歐元，但匯率都不太理想，建議帶著歐元或是美金，到捷克之後再換成捷克克朗，或是刷信用卡。

捷克人習慣使用歐元，僅少部分商家接受歐元，但匯率不會太理想，建議帶著歐元或美元，到捷克之後再換成克朗，或是刷信用卡。銀行換匯的匯率很差，與民營的差了約10%，但是民營換匯所的陷阱很多，所以最好到推薦的換匯點比較保險，進入換匯所後先去看螢幕或看板上的匯率表，並且記得詢問手續費。

請注意 千萬不要在路上與路人換錢，很有可能拿到假鈔或是其他幣別（許多人會用俄元假裝是克朗騙遊客）。

▲0%的意思是指不需要手續費

如何看懂匯率表

匯率表上，不論Nakupujeme（We buy）或Prodáváme（We sell），其主詞都是指換匯所，Nakupujeme意思就是換匯所買你的貨幣（你用歐元換克朗），反之，Prodáváme就是換匯所賣你的貨幣（你用克朗換歐元）。以歐元為例，Nakupujeme上面寫著25.23元，代表換匯所用25.23捷克克朗向你購買€1，如果你拿出€100，換匯所就會給你2,523元捷克克朗。而Prodáváme若寫26.19元，代表26.19元捷克克朗可向換匯所換到€1。

■ 布拉格最佳換匯點：Praha Exchange
✉ Jindišská 12, 110 00 Nové Město(郵局總局旁邊)
🕐 09:00～21:00

行家祕技 換匯APP隨時掌握匯率

換匯APP有許多種類，推薦大家我最常用的APP──Currency，可以離線使用，但最好每天連線更新最新匯率。

A.最近更新時間／B.編輯／C.指定貨幣／D.兌換貨幣(最多可以選擇10種)

信用卡

出國旅遊有必要帶一張信用卡或金融卡在身上，而且許多銀行都有推出國外消費紅利點數回饋的優惠，所以可能會比換匯來得划算。

跨國提款 Step by Step

Step 1　插入卡片

請確認提款機上面的功能與自己的提款卡相符。

Step 2　選擇語言

可以使用Česká spořitelna銀行的ATM，有中文介面。圖示以KB銀行的ATM為例。

- 捷克語 → ČEŠTINA
- 英語 → ENGLISH
- 德語 → DEUTSCH
- 法語 → FRANCAIS

Step 3　輸入密碼PIN

Step 4　選擇Withdraw cash

- 提款 → CASH WITHDRAWAL
- 餘額查詢 → ACCOUNT BALANCE
- 手機服務 → MOBILE SERVICES
- 變更密碼 → PIN MANAGEMENT

Step 5　點選面額或輸入金額

面額：500、1000、1500、2000、3000、5000、10000

其他金額 → OTHER AMOUNT

Step 6　提取現金

- 取消 Cancel/Storno
- 清除/更正 Clear/Oprava
- 確認 Enter/Vstup

貼心小提醒

避免使用Euronet的ATM提款

跨國提款除了需支付銀行的手續費以及跨國轉換費以外，ATM也會收取手續費。但若未使用當地卡操作Euronet的ATM，則需要額外支付35%的高額手續費。

▲Euronet的ATM

行李打包

記得查當地天氣整理行李。

行李重量與尺寸規定

每間航空公司規定皆略有不同，選購機票時請務必查詢清楚。一般來說，經濟艙提供的託運行李限重為20公斤左右，尺寸通常無限制；隨身行李的尺寸必須小於長56X寬36X高23公分，限重約7公斤，超重須另外付費，10公斤約100美元左右。

攜帶物品規定

全面禁止	生、熟肉類、土壤、種子，以及各類點火裝置
需申報	如香菸、酒類、藥品超過規定數量均須申報；其他未拆封之商品，因有商業行為之疑慮，故須申報
禁止登機，只能放託運行李	超過100ml的液態或膠狀物品、液化氣體(如牙膏，即便內裝物僅有10ml也不行)、尖銳物(如剪刀、修眉刀等)、含鋰電池的充電器

＊詳情請查詢駐捷克台北經濟文化代表處網站：www.roc-taiwan.org/cz/post/11.html

行家祕技 善用Google翻譯軟體

免費軟體。下載需要用的語言後即可離線使用該語言，在連線狀態下，還可以將畫面轉成文字進行翻譯，無需逐一打字，節省時間。

行李打包檢查表

重要物品	
項目	備註
護照(正本、影本、手機存檔)	6個月以上有效
台灣身分證(正本、影本、手機存有身分證)、2吋證件大頭照	以防護照丟失時須至代表處補辦
機票	來回機票的電子行程單
旅行行程單	以防過海關需要
信用卡及提款卡	請記得海外密碼
現金	超過1萬歐元須向海關申報
國際駕照	請一併帶上身分證
其他證件	請記得注意有效日期
個人物品(100ml以上的液膏狀物，只能託運)	
項目	備註
歐版轉接頭	請多帶幾個，以防搞丟
衣物	事先查詢天氣
正式衣物	若有音樂會行程，請著正裝
清潔衛生用品、室內拖鞋	捷克旅館多半不會提供牙膏、牙刷、室內拖鞋等清潔用品，需自備或在當地購買
個人藥品	依個人情況攜帶
原子筆	例如寫明信片
旅遊書或筆記	可讓旅遊事半功倍
吹風機、刮鬍刀	請注意電壓須符合220V
輕型雨傘、太陽眼鏡、防曬、保濕用品	因應當地氣候，建議戴太陽眼鏡、擦護手霜

機場篇
Airport

抵達機場後,如何順利入境呢?

從捷克到台灣,面對不熟悉的語言、人、事、物,如何成功過海關,出關後又如何從機場到市區呢?另外還有租車與停車資訊本篇將一一介紹給自助旅遊的玩家們。

瓦茨拉夫哈維爾機場

布拉格僅有一個國際機場，代碼為PRG。

機場簡介

布拉格瓦茨拉夫哈維爾國際機場(Letiště Václava Havla Praha)是捷克最大的機場，分為3個航廈。T1(非申根線)：飛機會飛出申根區，必須出海關，蓋海關章。T2(申根線)：飛機不會飛出申根區，不需要出海關，不用蓋海關章。T3(私人飛機航廈)：僅提供私人飛機停靠起飛。

T1、T2硬體設施

布拉格機場不論T1和T2航廈，除了海關出關、入關櫃檯以外，有許多設施皆是相同的，例如換匯櫃檯、租車櫃檯等等。另外，機場也設有餐廳、商店(紀念品店、免稅店等)，但是多數商家都是20:00就打烊，只有一家24小時營業的免稅店Aelia Duty Free，位於T1。

■行李遺失或損壞
📞 (00)420-220-114-283
@ emailbox.bag@csa.cz

■租車櫃檯
Sixt、AVIS、Europcar、Rentplus、Budget
🕐 平日08:00～22:00，週末08:00～22:00

Czechocar
🕐 平日07:00～22:00，週末07:00～22:00

▲T1、T2航廈都有ATM

▲機場有免費的兒童推車可以使用

Dvorak
🕐 平日08:00～21:00，週末08:00～21:00

■機場報警
📞 (00)420-220-114-444

41 Traveling So Easy!
in Czech

機場篇

機場平面圖

第二航廈(T2)
1樓為抵達層
2樓為離境層

T3
T2
T1 第一航廈

接機處
Check in

F.停車場

第二航廈巴士站
第一航廈巴士站

T1硬體設施	地點	營業時間及備註
A1.換匯Interchange（中轉處）	T1	07:00～21:00
A1.換匯CASH POINT（中轉處）	T1	07:00～21:00
A2.換匯Interchange（抵達處）	T1	07:00～21:00
A3.換匯Interchange（離開處）	T1	06:00～23:00
A3.換匯CASH POINT	T1	07:00～23:00
A4.退稅櫃檯	T1	隨航班時間
A5.行李打包室	T1	24小時 每件159克朗
A6.資訊中心	T1	24小時
A7.入境海關	T1報到櫃檯後	24小時
A8.兒童遊戲室	T1	24小時

T2硬體設施	地點	營業時間及備註
B1.郵局	T2	平日08:00～18:00，週末09:00～14:00
B2.藥局	T2	平日07:00～18:00，週末不營業
B3.淋浴間	T2	24小時
B4.醫護室	T2	24小時
B5.Billa超市	T2	06:00～21:00
C1.換匯Interchange（中轉處）	T2	07:00～23:00
C2.換匯Interchange	T2	24小時
C3.淋浴間	T2	24小時
C4.行李儲物室	T2	24小時
C5.電信公司Vodafone	T2	09:00～21:00
F.停車場	航廈外	24小時 每小時80克朗

＊製表／黃以儒

捷克出入境步驟

若有需要辦理退稅，請比預定提早約兩個小時到機場辦理。

轉機至捷克Step by Step

飛往歐洲的飛機，一般會在香港、中國、韓國或是杜拜轉機。若是同一家公司或合作的聯航，基本上可以在台灣一同辦理登機手續，但也有可能需要在轉機時再領取下一張登機牌，請在台灣時記得詢問報到櫃檯。轉機時只要前往登機門候機即可，而託運行李基本上都是從台灣託運到最後的目的地。

Step 1 沿著指標走

下飛機後，沿著「Transfer Desks」的標示走。

Step 2 觀看大螢幕

一般來說，登機牌上都有顯示登機門的號碼，但也有可能臨時更改登機門，請於轉機時，檢查大螢幕上的資訊，找到對應航班號的登機門。

Step 3 檢查隨身行李

在前往登機門時，會經過行李檢查站，再次檢查隨身行李。如果是從中國轉機的遊客，請在台灣準備好台胞證，若沒有台胞證將無法轉機。

Step 4 找到登機門

在登機前，再次確認登機門上的螢幕，是否為自己將前往的目的地及航班號。

Step 5 候機

候機時請準備好護照與登機牌，也別忘了攜帶隨身行李上機。

貼心小提醒

錯過轉機班機怎麼辦？

如果因飛機延遲起飛，導致錯過下一班轉機航班時，千萬不要緊張，請立刻向機場的轉機資訊櫃檯洽詢，轉機櫃檯會告訴你要搭乘哪一班飛機，或者可能會提供住宿。

入境捷克Step by Step

Step 1　入境檢查

只有在T1下機需要入境檢查，下機後往出口「Východ」走出去。沿著指標走到非歐盟公民(Non-EU)的窗口，排隊接受海關檢查護照、行程單(包含旅遊地點及住宿)、回程機票、經濟證明(現金或信用卡)。官員有可能會用英文問一些問題，例如此行的目的以及停留的時間等。

▲入境海關入口

Step 2　領取行李

在「Baggage Reclaim」(Výdej zavazadel)領行李。請注意看螢幕，確認自己搭乘的航班號碼是在第幾號行李轉盤。如果等不到行李，請立刻與就近的機場服務人員接洽。

▲提領行李處與出口的指示

Step 3　通過關口

提領行李後，如果有物品需要申報請記得報關，出口附近會有官員隨機抽查，若未申報被查到須繳交罰款。

▲物品申報「Goods to Declare」(Zboží k Proclení)

Step 4　出關

如有需要購買當地手機SIM卡，請前往第二航廈的Vodafone購買。如果都準備好了，便可購買車票搭車往市中心了。

◀通往出口沿途或出口處有許多換匯點，匯率不是很好，若需要，建議小額換匯

貼心小提醒

入境捷克需申報物品
- 10,000歐元現金或其他等值貨幣。
- 香菸200支以上、細雪茄100支以上、雪茄50支以上或250公克以上菸草。
- 酒精成分22%以上之酒類或酒精成分80%以上的一公升以上烈酒，或酒精成分不超過22%之酒類兩公升以上。
- 價值超過15,000歐元昂貴物品，如珍貴金屬或寶石等。
- 稀有動物皮製品。
- 藥品。

出境捷克 Step by Step

在捷克旅行結束後，不管下一站目的地為何，若依然要前往歐盟區(不論轉機或是直接目的地)，皆是在T2辦理登機；若下一站是前往非歐盟區，請於T1辦理登機。

Step 1 列印登機證

請自行至自助報到機列印登機證，選擇航空公司後將護照的照片面放上機器掃描，並按照指示操作列印登機證。

A.時間 / **B.**目的地 / **C.**班次 / **D.**報到櫃檯 / **E.**當地天氣 / **F.**航班狀態

Step 2 領取登機牌，劃位

找到報到櫃檯，劃位以及辦理行李託運。若沒有託運的行李，也可以利用自助報到機，領取登機牌。

▶自助報到機

貼心小提醒

報到時請告知有需要退稅商品

由於退稅時需要出示登機牌，所以必須先領取登機牌，若有較多東西需要退稅，並且完成後得放入託運行李，請告知報到櫃檯人員，先領取登機牌，辦理退稅後，再辦理行李託運。

Step 3 出境過海關

只有在T1出境時需要過海關。從T1領取登機牌後，往「All Passport」走去。沿著指標走到非歐盟公民(Non-EU)的窗口，排隊接受海關檢查護照與登機牌。因為是出境，所以官員比較不會多做詢問，但可能會核對停留時間，請記得不要超過歐盟入境90天的規定。

A.所有護照 / **B.**持有歐盟護照

出示登機牌，在下方機器刷條碼入關

快速通關，商務艙旅客

▲此為T2離境圖。在T2不需進海關，只需刷登機牌

Step 4 檢查隨身行李

不能攜帶100ml以上的液態或膠狀物，背包以及身上的電子物品都必須拿出來檢查。

Step 5 到登機門等候登機

候機時請準備好護照及登機牌，也別忘了攜帶隨身行李上機。

機場到市區交通

從布拉格機場到市區相當方便，有許多交通方式可選擇。

機場前往中央火車站

交通工具	單程／費用	優點	缺點	詳細資訊
巴士+地鐵	50分鐘／40克朗	■便宜、準時	■需轉換車 ■需搬行李	■大眾交通票價，詳見P70
機場快捷(AE)	45分鐘／100克朗	■不需要換車	■只能以零錢買票 ■只停靠中央火車站	■約30分鐘一班 ■在T1、T2外面的巴士站搭乘
計程車	25分鐘／600克朗	■快速 ■適合行李多的旅客	■價格較貴 ■有時會遇到不良司機	■起跳價約50克朗，布拉格市區內1公里收費40克朗，每等候1分鐘加收5~6克朗，此外不會再額外收取其他費用
租車	30分鐘／一天900克朗以上	■機動性高旅客	■價格較貴	■適合4人以上的旅客

＊製表／黃以儒

巴士

從機場到布拉格市中心，巴士是最多人使用的交通工具。前往市中心的巴士有100號、119號。100號抵達黃線地鐵站Zličín，119號抵達綠線地鐵站Nádraží Veleslavín。

Step 1　找到售票機

售票機位於公車站牌前，也可以在人工售票口購票。機場單程票建議購買90分鐘。

▲售票機　　▲人工售票口

Step 2　找到巴士站牌

巴士站牌位於航廈外，請根據要去的地鐵站，尋找對應的巴士號碼。機場的巴士候車站，去回程的站牌是同一個。

Step 3　上車後打印車票

上車後請記得打票，車票上會顯示你搭乘的時間，當遇到查票員，會根據票上時間計算有無超出車資。若沒有打票，被查到將視同逃票，可罰款1,500克朗。

機場快捷AE

機場快捷(Airport Express)會直接從機場開到市中心的中央火車站，中途不停靠其他站點，單程100克朗，雖然價格比大眾交通票還貴一點，但不需要轉乘地鐵，對於直接要到中央火車站的旅客，整體上方便許多。另外，也可以搭乘Student Agency的火車，單程也是100克朗。

機場快捷、Student Agency班車時間

交通方式	行駛方向	班次營業時間	班次間隔
機場快捷	從火車站到機場	05:30～22:00	每30分鐘一班
機場快捷	從機場到火車站	05:30～20:53	每30分鐘一班
Student Agency	從布拉格巴士總站 ÚAN Florenc到機場	07:30～20:30	每小時一班

Step 1 找到機場快捷站牌

機場快捷的候車站與巴士位於同一地點，站牌上有AE的標誌。

Step 2 上車後直接向司機購票

請準備剛剛好的零錢，因為司機有權利因為沒有辦法找零而拒載。

計程車／Uber

捷克政府對於計程車顏色沒有特別規定，在布拉格看到的計程車多半是白色和綠色。搭乘機場外的計程車到舊城廣場約700克朗，比較建議搭Uber，價格透明，且較不易有爭議。

▲布拉格的計程車沒有一定的顏色規定

車資計算方式

布拉格的計程車資起步價是50克朗，每公里收費在32～40克朗之間，會因車種(如賓士等名車)或公司而有不同，搭車前記得先詢問價格。夜晚沒有夜間加成，與白天相同。大多數計程車都可接受信用卡付款。請注意 絕對沒有按行政區域收費的規定。

行李費加收

有一些計程車司機會要求加收行李費，搭車前可先詢問清楚：Musím zaplatit za své zavazadlo další poplatek?(我需要再支付額外的行李費嗎？)。

租車

如果只在布拉格市中心活動，其實不太需要租車，因布拉格的大眾交通很發達、交通票便宜，而且停車位一位難尋。若是行程需要往返小鎮，則租車的實用度較高，多人共同租乘一輛車是不錯的選擇。

線上租車Step by Step

以Budget租車網站為例。

Step 1 進入網頁，選擇時間和地點

進入網頁後，選擇租還車的時間及地點(可以選擇異地歸還)，再按下「搜尋」。

A. 租車地點(布拉格：機場、中央火車站) / **B.** 還車地點(其他城市還有Brno、Ostrava、Bratislava) / **C.** 取車日期 / **D.** 取車時間 / **E.** 還車日期 / **F.** 還車時間 / **G.** 搜尋 / **H.** 選擇語言

Step 2 勾選喜歡的車輛

搜尋結果會出現可選擇的車輛類型以及費用(每日最低收費約500克朗)，再確認租車行地址後，按下「確認所選車輛」。

A. 車型選擇(經濟車款、休旅車等) / **B.** 駕駛類型(手排或自排) / **C.** 車輛型號或相似車款 / **D.** 費用(網上付費預約比預約後現場付款便宜) / **E.** 租車行地址 / **F.** 確認所選車輛

布拉格租車行推薦

租車行	地址	營業時間	網站
Budget 機場店	Aviatická, 161 08 Praha 6	08:00～22:00	www.budget.cz/en/home
Sixt 機場店			www.sixt.com/car-rental/czech-republic
AVIS 機場店			www.avis.com/en/locations/cs/prague
Europcar 機場店			www.europcar.com/location/czech-republic/prague
Rentplus 機場店			www.rentplusprague.com
Budget 中央車站	Main Railway Station, Wilsonova 300/8	08:00～20:00	www.budget.cz/en/home
Sixt 中央車站			www.sixt.com/car-rental/czech-republic
AVIS 舊城店	Pod Koupalistem 881, Praha 1	08:00～16:00	www.avis.com/en/locations/cs/prague
Europcar 舊城店	Elišky Krásnohorské 9, Praha 1	08:00～20:00	www.europcar.com/location/czech-republic/prague
Rentplus 舊城店	Revoluní 1044/23, Praha 1	08:00～20:00	www.rentplusprague.com

＊製表／黃以儒

Step 3 選擇額外服務

建議勾選全額保險，保險一天約460克朗。若有兒童記得勾選兒童座椅，冬天也請勾選更換冬胎以利安全。

Car hire - Low Cost Reservation
- Selection of place and date
- Select your car
- ▼ Accessories and additional services
  - Baby seat **A**　　　　　0
  - Snow chains **B**　　　　0
  - GPS Navi **C**　　　　　0
  - Winter tires **D**　　　　0
  - Full Insurance **E**　　　0
  - Entry abroad fee **F**　　0
  - Additional driver **G**　　0
  - Confirm additional services **H**
- Contact details
- Summary of reservation

A.兒童安全座椅／**B.**雪鏈／**C.**衛星導航／**D.**冬胎／**E.**全額保險／**F.**跨國費用／**G.**額外駕駛費用／**H.**確認額外服務

Step 4 填寫聯絡資料

Contact details
- E-mail: **A**
- Fullname: **B**
- Company name: **C**
- Street: **D**
- City: **E**
- ZIP code: **F**
- Country: **G**
- registration ID nr.:
- VAT nr.:
- Telephone: **H**
- Other contact:
- Flight number: **I**
- Confirm contact and view the summary **J**

A.電子郵箱／**B.**全名／**C.**公司名稱(可不填寫)／**D.**居住地址的街道名／**E.**居住的城市／**F.**郵政區號／**G.**國家／**H.**電話／**I.**航班號碼(可不填)／**J.**確認聯絡方式

Step 5 選擇付款方式與確認資料

可以選擇線上付款，或是到現場支付。並請確認所選車輛與資料無誤。

Summary of reservation
- **Customer A**
  Alice Novakova
  Pařížská 1
  Prague
  11000
  Czech Republic
  registration ID nr.: Prague
  E-mail: 605238999@gmail.com
  Telephone: 605238999
- **Pick up B**
  2019-03-20 10:00
  Prague Main Railway station, Praha, Czech Republic
- **Drop off C**
  2019-03-22 10:00
  Prague Main Railway station, Praha, Czech Republic
- **Vehicle D**
  Škoda Citigo or similar car
- **Price of reservation / paid now by card E**
  Car rental
  VAT amount 21%
  Total price
- **Payment method F**
  Payment method for your reservation:

A.確認客戶資料／**B.**取車／**C.**還車／**D.**車輛選擇／**E.**付款價錢／**F.**線上付款或現場付款

Step 6 攜帶證件前往租車處

請記得攜帶護照、國際駕照以及台灣身分證前往租車行領車。

Step 7 還車時記得將油箱加滿

租車前請先詢問要加哪一種汽油，捷克的油價以95無鉛汽油為例，大約每公升34克朗。還車前請記得將油箱加滿油。

行家祕技 捷克租車已包含ETC費用

捷克租車費用已經包含捷克高速公路ETC過路費，如果要前往其他國家，在跨境到其他國家時，可以在邊境加油站購買其他國家的ETC高速票。

市區停車

布拉格的停車格分為3種，藍色為居民停車區；紫色為居民與遊客混合停車區；橘色為遊客停車停留(最多兩小時)。停車前請先看好停車牌上的顏色，依照停車牌上的號碼購買停車票，布拉格停車的費用為每小時40～80克朗不等，可以透過停車牌附近的購票機購買，也可以在手機上購買。

▲Po～Ne表示週一～週日早上8點至隔天早上6點需要繳停車費

▲P＋R的意思是Park＋Ride，多半設計在地鐵站附近，布拉格各地皆有P+R停車場，費用約一日100克朗

▲當你看到這個標誌，代表你在主要幹道上，主路先行原則，別人要讓你，若兩條交叉路皆為輔路，依右側先行原則

EasyPark購買停車票 Step by Step

Step 1 下載並註冊

下載APP後，使用電話號碼註冊。

Step 2 添加車牌

下載APP後，使用電話號碼註冊。

Step 3 查看地圖、停車資訊

可以點選所在位置附近的停車狀況。點擊停車區域右側的i，即資訊欄，可查看詳細資訊。

重要區域資訊
停車區域代碼：P1-0360
路段類型：居民停車場訪客時間有限

Important area information
Kód úseku: P1-0360
Typ úseku: Smíšené parkování pro návštěvníky a rezidenty.

Po-Pá 08:00-00:00 60 Kč (max. 24h)
So 08:00-00:00 60 Kč (max. 24h)
Ne 08:00-00:00 60 Kč (max. 24h)
Uvedená cena je průměrná cena za 1 hodinu.

週一～五 08:00～20:00需收費，每小時60捷克克朗（訪客最長只能停24小時）

貼心 小提醒

在捷克開車注意事項

■ 開車時，不論晝夜，全年均須開車前燈。

■ 酒測濃度超過0.03%，即可開罰。

■ 超速罰款1,000～2,500克朗；違規停車罰款1,500克朗。

■ 每年11月1日～隔年4月30日，標有雪花標誌路段，必須使用冬胎，且車胎厚度不能小於4公釐，違規者將被課處最高2,000克朗罰金。詳情請參考 www.zimni-znacka.cz

■ 奧地利已取消台灣駕照在當地自駕資格，若有要從捷克前往奧地利，只能搭乘大眾交通工具。

交通篇
Transportation

暢遊捷克，該使用什麼交通工具？

捷克走透透，該用什麼交通工具遊捷克？捷克地處歐洲的中心，無論是在捷克境內或通往境外，火車、巴士、飛機都是相當常見的選擇。如何才能節省荷包與時間購買到合適的車票，本篇將分析各種從捷克出發的交通工具以及購買步驟。

鐵路

在捷克搭火車一點都不可怕，只需要事先做好功課，還能節省荷包喔！

捷克火車主要以捷克國鐵(České dráhy)的班次最多，另外還有捷克私鐵(Student Agency)，以及其他國家的火車，如德國國鐵(DB)、匈牙利國鐵(MÁV)、奧地利國鐵(ÖBB)等，不論是國營或是民營火車，都使用相同的車站，僅僅只是火車營運商的不同。

捷克境內長途火車最多人選的是國鐵的InterCity，簡稱IC。跨國火車則推薦私鐵的RegioJet，簡稱RJ，雖然車資較貴，但班次較多，且車廂較新、更現代化。RJ也有提供捷克境內的車班。

▲建於1871年布拉格火車站的外觀

▲付費洗手間，一次費用為20克朗

▲免費公眾鋼琴(布拉格中央火車站的特色)

列車種類介紹

火車類型	境內火車				跨國火車		
中文名稱	區間車／稍快區間車	高品質快捷車／快捷火車	短程境內快速車	捷克長途火車	歐洲長途火車	捷克私鐵
原文名稱	OS (Osobní Vlak)／SP(Spěšný Vlak)	RX (Rychlík vyšší kvality)／EX(Express)	R (Rychlík) 短程境內快速車	IC (InterCity) 捷克長途火車	EC (Euro City) 歐洲長途火車	RJ (Regiojet)
說明	■皆以短程為主 ■OS每站皆停／SP停靠的站稍少 ■主要以二等車廂為主 ■不能預約座位 ■230V的插座 ■免費Wi-Fi	■主要行駛區域以捷克為主，少數會跨國 ■分成一與二等車廂 ■可預約座位 ■230V的插座 ■免費Wi-Fi ■部分車輛設有餐車以及兒童車廂服務	■目前車輛較少，由RX和EX取代 ■僅有二等車廂 ■可預約座位 ■230V的插座 ■免費Wi-Fi	■有包廂式6人座車廂及4人座開放車廂 ■分成一、二等車廂 ■可預約座位 ■230V的插座 ■免費Wi-Fi ■餐車服務 ■部分車輛有兒童車廂服務	■主要與奧地利國鐵(ÖBB)聯合營運 ■較多布拉格與維也納之間往來的車輛(途中會經過捷克南部Brno) ■分成一與二等車廂

＊製表／黃以儒

▲ 保存完好的布拉格火車站的圓頂，現已是火車站的特色　　▲ Student Agency的跨國火車

捷克私鐵Student Agency

　　捷克私鐵(Student Agency)的服務品質佳，且價錢與國鐵差不多，只是班次不如國鐵多。

　　Student Agency公司還有巴士，目前最遠會抵達倫敦，但火車的話只有開往捷克、斯洛伐克的首都布拉提斯拉瓦，以及維也納。

- ■提供免費的水、Wi-Fi、插座。商務車廂多有提供免費飲品與點心。
- ■可預先訂位。
- ■火車停靠站少，搭乘時間較短。
- ■有獨立的兒童車廂。
- ■火車站內有專屬的休息室。
- ■較受歡迎，現場經常銷售一空，需提早訂位。

行家祕技 火車站置物櫃

　　一般來說捷克各火車站的置物櫃都大同小異，通常置物櫃會有短期與長期兩種，設置地點及存放時間規定各有不同。

　　以布拉格中央火車站的置物櫃為例：

短期置物櫃 (Ukládacískříňky)
- ■時間：最多24小時
- ■地點：正門左側
- ■使用方式：全機器操作，僅限10、20元銅板，配有銅板兌換機，也可刷卡付費
- ■費用：依照行李大小計價，80～120克朗

長期置物櫃 (Úschovna zavazadel)
- ■時間：最多40天
- ■地點：正門右側
- ■使用方式：由員工操作
- ■費用：依照行李大小計價，每日60或100克朗

▲ 該車廂配有腳踏車及嬰兒車放置處　　▲ Student Agency經濟車廂

▲ 短期置物櫃　　▲ 長期置物櫃

開始 So Easy! 自助旅行 54
在捷克

如何搭乘火車

看懂車票

請記得查看有效日期，只要在有效日期內皆可搭乘。

電子車票解析

A.人數 / B.起始日期 / C.起始時間 / D.從České Budějovice到Praha /
E.截止日期 / F.截止時間 / G.車等 / H.中途經過：Tábor站 / I.公里 /
J.單程票 / K.金額 / L.備註：該車票不可轉讓 / M.時間表 / N.備註：該
票可用於有效日期內 / O.購買人姓名

人工車票解析

A.人數 / B.車等 / C.公里 / D.從Brno到Valtice / E.中途經過：
BrnoHH、Sakvice、Zajeci、Breclav / F.起始日期到截止日期 / G.金額

確認班次資訊

因為車票上並不會寫上月台資訊，請提早到火車站，觀看大廳上的大時刻表，確認對應車班的時間及月台等資訊。

A.離開 / B.火車車種 / C.班次 / D.車班名稱 / E.營運公司 / F.目的地 / G.經過地點 / H.時間 / I.月台 / J.延遲時間

找到月台

歐洲長途列車很長，有些列車會在某站分成兩部分，前面車廂開往某地，後面車廂開往另一個地方。務必遵循車票上的指示，找到對應的月台號碼，並且確認月台上的螢幕顯示，是否與你要搭乘的班次相同。**請注意**月台有分A、B、C段，上車前請再次確認。

▲月台上又依次分為A、B、C等段

▲可以根據火車前頭或側邊的螢幕確認所搭乘的車輛

抵達月台後請再次確認上方的螢幕

A.車班 / B.目的地 / C.時間 / D.月台

▲通常在中間車廂會有餐車

找到車廂座位

每個座位上方都有號碼以及一張寫著訂位記錄的紙條，根據紙條判斷是否有人預訂，也可以從紙條上得知預訂訊息。

A.車種與車次 / B.當前車廂 / C.起始站 / D.沿途停靠站 / E.目的地 / F.當前時間 / G.當前速度

貼心小提醒

可列印紙本車票供查票

購票後會在電子信箱中收到車票，雖然手機可以掃QR Code，但建議可以印出紙本車票，以備不時之需。

▲每一站乘客上車後，查票員會進行查票

購買鐵路票

學會各種購票技巧，荷包省很大。

捷克鐵路購票

在購買火車票前，首先要先查詢時刻表。以下將以布拉格(Praha)到布爾諾(Brno)為例進行示範。
捷克國鐵 www.cd.cz/en/default.htm

查看國鐵時刻表 Step by Step

Step 1 輸入資料

起始點若輸入 Praha 會顯示位於布拉格內的各個車站，建議選擇 Praha hl.n.，意指布拉格中央車站。若點開「更多選擇」可以選擇一等或二等車廂，或是回程票。

A.起始點 / **B.**目的地 / **C.**時間 / **D.**搭乘者的年齡 / **E.**更多選擇 / **F.**搜尋

Step 2 資料顯示

捷克國鐵通常免費提供自由選擇座位的服務，但是在訂票時還是需要多加留意是否有收取多餘的費用。

A.回程票 / **B.**起始站(上)/目的地(下) / **C.**時間(日/月/年) / **D.**車種 / **E.**價錢＋購買鍵 / **F.**不需轉車 / **G.**僅購買預約座位 / **H.**所需時間 / **I.**免費預約座位

▲也可以到火車站中的人工售票處購票，但建議先利用網站查好資料，以防語言溝通不良

國鐵線上購票Step by Step

查好時刻表，選擇時間後，點下購買鍵，即進入購買頁面。若想在火車站買票，也可先上網查好班次，直接給站務員看，以避免與站務員無法溝通。

Step 1 選擇時間

選擇好時間後，按下購買鈕。

Step 2 選擇加購服務

攜帶腳踏車或超過90×60×40公分的大型行李，需加購65克朗；攜帶狗上車，需加購45克朗。

A.免費預訂座位 / B.系統已自動選擇座位 / C.按下Modify調整想預訂的座位 / D.加購腳踏車和大型行李位 / E.攜帶狗上車 / F.接收免費的提醒簡訊 / G.繼續下一步

Step 3 預訂座位

點擊「從車廂地圖選擇」按鈕預訂座位。

Step 4 從車廂地圖選擇座位

A.車廂編號 / B.二等車廂(2.Třída) / C.公共空間(包含腳踏車與嬰兒車放置處、免費Wi-Fi使用區) / D.一等車廂(1.Třída) / E.粉色框指已被人預定，白色框指尚未被預定

Step 5 填寫搭乘人資訊

填寫完資料後，請點選「放入購物車」。

A.持票人姓名 / B.以手機簡訊接收車票 / C.放入購物車

Step 6 付款與取票

請留意，若要退票，必須在車班離開前15分鐘辦理，並且無法退手續費。有乘客資料和車班資料的車票，不可轉讓也不可用於其他列車。

A.確認金額 / B.選擇付款方式 / C.留下電子信箱 / D.同意條款處打勾 / E.付款

私鐵線上購票 Step by Step

www.studentagency.cz

Step 1　前往 Student Agency 網站

A.選擇語言

Step 2　選擇購買火車、巴士票

Student Agency不僅可以買火車票也可以買巴士票、機票或旅遊套裝行程。

A.購買飛機票　／　B.購買火車、巴士票

Step 3　開始購票

若想購買學生票必須持有捷克學生證才能購買。依起訖點及其他需求點選購票項目。

A.購買巴士票　／　B.購買飛機票　／　C.購買火車票　／　D.貨幣選擇克朗　／　E.貨幣選擇歐元　／　F.語言選擇　／　G.單程或往返　／　H.起始地與目的地　／　I.時間　／　J.旅客人數　／　K.旅客年紀　／　L.搜尋

Step 4　選定時間及艙等

火車有分艙等，因此價格也不同。如最低費用艙等，僅提供免費瓶裝水；標準艙等附餐點，也可預訂6人車廂；舒適艙等附餐點、報章雜誌；商務艙等附餐點、報章雜誌，也可預訂4人車廂。

A.選擇巴士或火車　／　B.發車時間　／　C.抵達時間　／　D.剩餘空位　／　E.車上是否有服務人員　／　F.更多購票詳細資料　／　G.價格　／　H.最低費用座位　／　I.標準座位　／　J.舒適座位　／　K.商務座位

Step 5　預訂座位

綠色是可預訂座位，紅色為已被預訂座位。

Step 6　確認資料與付款

訂票時需留意，要在兩小時內完成付款，否則訂單會被取消。若有需要取消或更改時間，發車前15分鐘以前免費，發車前15分鐘內則不可取消及更改時間。

A.預訂尚未付款　／　B.線上付款　／　C.取消　／　D.確認資料　／　E.預訂規定

跨國鐵路購票

除了利用捷克國鐵和Student Agency購票外，購買跨國車票時，也可以從另一個國家的國鐵網站下手，可能會找到更便宜的車票，或是有空位的時段。以下示範匈牙利、奧地利與德國國鐵購票。

匈牙利國鐵購票Step by Step

匈牙利國鐵有許多票價便宜的座位，但只能在匈牙利境內取票，也只能從匈牙利出發。

http www.mavcsoport.hu/en

Step 1 前往匈牙利國鐵網站

選擇語言

Step 2 查詢時刻表

依起訖點、日期及票種等需求點選，再按下搜尋。

A.選擇語言 / **B.**出發地與目的地 / **C.**日期 / **D.**票種(成人票、學生票、長者票等) / **E.**搜尋

Step 3 查看顯示資訊

確認資訊後，按下「購票與價錢」。

A.去程時間 / **B.**回程時間 / **C.**艙等 / **D.**乘客人數 / **E.**乘客出生日期 / **F.**購票與價錢 / **G.**返回前頁 / **H.**提醒：購票後須到匈牙利的火車站利用電子機器或人工方式取票，列印車票後，若弄丟不會補發 / **I.**發車時間與車站 / **J.**抵達時間與車站 / **K.**轉車 / **L.**所需時間 / **M.**公里數 / **N.**艙等 / **O.**額外服務(預訂座位等) / **P.**匈牙利福林與歐元兌換匯率

Step 4 選擇時間

購買匈牙利國鐵車票時，會由系統選定座位。乘客僅需選擇班次時間。

A.票價 / **B.**選定時間 / **C.**確認並放入購物車

Step 5　填妥購票人資訊

A.語言選擇 / B.隱私政策 / C.取票地點 / D.登入（未有帳號者，請先註冊）/ E.註冊

Step 6　確認購票資料

A.出發地與目的地、時間 / B.費用 / C.車票資訊（包括：單程、旅客人數、艙等、座位車廂、預訂座位）/ D.預定將於2小時後取消 / E.發票資訊

Step 7　同意與付款

A.同意條款處打勾 / B.付款

Step 8　獲得購票代碼

因匈牙利火車票並無電子車票，故購票成功後將獲得購票代碼，之後再憑購票代碼前往匈牙利火車站取得車票。

Step 9　前往匈牙利火車站取得車票

抵達匈牙利任一車站皆可以到櫃檯向站務人員取票，或是找到黃色的取票機後輸入購票代碼便可取票。請注意 僅能在匈牙利車站取票，因此遊客只能選擇匈牙利出發的車票。

奧地利國鐵購票Step by Step

奧地利國鐵採浮動票價,並且提供許多早鳥票,適合提早準備旅行的人。 http www.oebb.at/en

Step 1 前往奧地利國鐵網站

選擇起訖點與日期後,按下搜尋。

A.選擇語言 / **B.**日期 / **C.**出發地 / **D.**目的地 / **E.**搜尋

Step 2 選擇時間

選擇班車時間。

A.出發時間 / **B.**列車型號 / **C.**所需時間 / **D.**從出發地到目的地 / **E.**抵達時間 / **F.**票價

Step 3 加購額外服務

確認加購所需的額外服務後,按下購物車。

A.最低價錢:無法取消 / **B.**出發前15天內無法取消 / **C.**車票有效日期的前一天皆可取消 / **D.**一等車廂 / **E.**商務車廂 / **F.**預約座

Step 4 填寫預訂人資料

A.票種(有成人票、學生票、長者票等) / **B.**預訂人姓名

Step 5 確認資料與付款

奧地利國鐵票價為浮動票價,通常在15分鐘就會有異動。

A.時間 / **B.**地點 / **C.**票種 / **D.**價錢 / **E.**取消保險 / **F.**提供電子郵箱,收取確認單 / **G.**付款(信用卡或線上銀行轉帳)

Step 6 獲得電子車票

德國國鐵購票Step by Step

🌐 www.bahn.com/en/view/index.shtml

Step 1 前往德國國鐵網站

選擇起訖點、日期與時間後,按下搜尋。

A.選擇語言 / B.出發地 / C.目的地 / D.日期 / E.時間 / F.出發時間或抵達時間 / G.搜尋

Step 2 確認班次時間

確認班次資訊是否無誤,若無誤請點選確定。

A.出發地與目的地 / B.出發地時間與抵達時間 / C.所需時間 / D.轉車次數 / E.車種 / F.歐元 / G.確定

Step 3 加購額外服務

若行程還未確定,之後有可能想要取消車票,有「出發前一天取消」與「車票有效日期前一天取消」可供選擇,確認之後按下繼續。

A.最低價錢:無法取消 / B.出發前一天取消收取10歐元手續費 / C.車票有效日期的前一天皆可免費取消 / D.繼續

Step 4 登入

建議註冊預訂,弄丟車票時才能找回訂單。

A.若有德國國鐵DB的帳號,請登入 / B.註冊成為DB新用戶 / C.不註冊預訂 / D.訂票資料

貼心 小提醒

國鐵購票省錢撇步

同一路段同一時間的票,在當地的網站買會比較便宜喔。

63 Traveling **So Easy!** in Czech

Step 5 註冊德國國鐵DB新用戶

以沒有DB帳號為例。請按照下圖指示，填妥資料後註冊帳號。

Step 6 付款

填寫預訂者基本資訊後，選擇付款方式，再按下繼續。

A.預訂者地址填寫 / **B.**街道與門牌號 / **C.**郵政編碼 / **D.**城市 / **E.**國家 / **F.**省分 / **G.**電話 / **H.**如何付款(信用卡、銀行轉帳等) / **I.**繼續

A.新建帳號(至少8個字數) / **B.**新設密碼/再次輸入密碼 / **C.**當忘記密碼時的安全性問題 / **D.**註冊人資料 / **E.**尊稱(先生/女士) / **F.**稱謂(博士/教授) / **G.**名字 / **H.**姓氏 / **I.**電子郵箱 / **J.**訂閱DB以獲取更多訊息 / **K.**確認註冊

Step 7 取得車票

付款完成後選擇要取得電子或是紙本車票，選電子車票即可。

A.獲取電子車票 / **B.**獲取紙本車票

巴士

巴士機動性高、價格便宜，尤其是Student Agency更是背包客的絕佳選擇。

國內線Student Agency

Student Agency巴士票與火車票的訂購網站相同，只要看圖上的標註就知道預訂的車票是屬於哪一種車。巴士上若有車掌小姐，會提供免費報紙、雜誌、熱飲(咖啡、茶、熱可可)、Wi-Fi，也有販售冷飲及點心，建議在預訂時可以選擇有車掌小姐的時段。

▲Student Agency是捷克最受歡迎的民營交通公司

A.巴士 / B.火車 / C.有車掌小姐 / D.無車掌小姐

國外線Flixbus

Flixbus班次多、地點多、提供免費Wi-Fi等，是目前涵蓋歐洲線最密集、也最廣的巴士公司。若是學會使用線上購票網站，要去其他歐洲的城市更是無往不利。

▲搭乘跨國巴士Flixbus最方便，據點最多

65 Traveling **So Easy!** in Czech

Flixbus線上購票 Step by Step

🔗 global.flixbus.com

Step 1 前往Flixbus網站

若尚未決定旅行路線，可選擇「路線地圖」或「計畫你的旅行」。已決定旅行路線的人，可直接從出發地開始選擇。

A.語言選擇 / B.路線地圖 / C.計畫你的旅行 / D.出發地 / E.目的地 / F.出發日期 / G.回程日期 / H.旅客人數、腳踏車數 / I.搜尋

Step 2 選擇時間

以下以布拉格到法蘭克福為例。

A.出發地 / B.目的地 / C.預訂日前一天 / D.預訂日當天 / E.預訂日後一天 / F.出發時間、抵達時間 / G.所需時間 / H.金額 / I.預訂(預訂前為綠色，預訂後為橘色) / J.購物車 / K.確認預訂 / L.排序(出發時間由早到晚、價錢由低到高、所需時間由短到長) / M.過濾(直達、轉乘) / N.出發時間 / O.離開時間 / P.出發地巴士站及抵達地巴士站站名

Step 3 填寫預訂者資料

A.出發時間 / B.出發地的巴士站 / C.目的地的巴士站 / D.名字 / E.姓氏 / F.電話 / G.身障者服務(若有需要可以先聯繫此公司)

Step 4 加購額外服務

若是願意支付友善環境費用，該費用會用於減少地球二氧化碳，例如植樹或是投入相關環境保護運動等。

A.預訂座位 / B.加購行李 / C.願意支付友善環境費用 / D.付款

Step 5 付款

A.付款方式 / B.索取收據 / C.將電子車票寄至電郵信箱 / D.前往付款

Step 6 訂票成功，獲得預訂代碼以及電子車票

熱門跨國路線交通方式

目的地	出發城市	交通方式	票價	車程時間	優點	缺點
奧地利維也納	布拉格	Student Agency巴士	370	4小時40分鐘	價格低	座位擠
		捷克國鐵	500	4小時	座位舒適	價格高
		捷克私鐵RegioJet	460	4小時	品質好、服務供應多	班次少
奧地利哈修塔特	布拉格	捷克國鐵	700	6小時50分鐘	價格低	時間長
		奧地利國鐵OBB	600			
	克倫洛夫	私人巴士	800	3小時	時間短	價格高
德國紐倫堡	布拉格	捷克國鐵	300	4小時30分鐘	價格低	班次少、須轉車
		德國國鐵DB	850	4小時30分鐘		班次少、須轉車、價格高
		Student Agency巴士	400	4小時	價格低	座位擠
	卡羅維瓦利	捷克國鐵	230	2小時30分鐘	價格低	班次少

＊票價單位：捷克克朗 ＊欲購買奧地利國鐵早鳥票請用OBB購買 ＊私人巴士以9人座為主，採網路預約，先付一半訂金，於搭乘時結清尾款(克朗或歐元)
＊以上資料時有異動，請以官方為準

跨國臥鋪火車

從布拉格出發的跨國臥鋪火車

目的地	車程時間時數	票價
布達佩斯	10小時30分鐘	1,600克朗
華沙	11小時	2,800克朗
克拉克夫	8小時	1,900克朗
蘇黎世	14小時30分鐘	2,900克朗

＊製表／黃以儒
＊資料時有異動，請以官方為準

PID Litacka交通APP

　　PID Litacka是一款捷克官方的大眾交通工具查詢系統，包含路線圖及時間表，時間非常精準，如果車班有延遲，也會顯示延遲時間，還可以線上購票，相當實用。

PID Litacka查詢步驟 Step by Step

Step 1 打開PID Litacka

Search
- Staroměstská　A
- Pražský hrad　B
- Departure now　C
- Advanced　D
- Buy a ticket　F
- Search　E

A.出發地 / B.目的地 / C.現在出發 / D.進階搜尋 / E.搜尋 / F.購票

67 Traveling So Easy! in Czech

交通篇

Step 2 選擇出發地／目的地

點開Step 1中A.的出發地，可以用3種方式搜尋，反之目的地亦然。

- From ... A / Cancel
- My Location B
- Select from map C

A.直接在地點處打下站名 / **B.**按下My Location，直接定位現在的位置 / **C.**按下Select from map，從地圖上來尋找

Step 3 選擇時間

點開Step 1中的C.出發時間，可以選現在出發，便會搜尋到目前的班次，或是直接點開選擇時間。

Advanced / Search / Cancel / Departure A / Arrival B / Done

A.離開時間 / **B.**抵達時間

Step 4 進階條件搜尋

點開Step 1中的D.進階搜尋，可以選擇以下：

Advanced
- Accessibility
  - Low floor only A
  - Wheelchair only B
- Transfer
  - Transfer pace C — Normal
  - Max. transfers D — Unlimited
  - Via E
- Means of transport F

A.低樓層 / **B.**輪椅步道及電梯 / **C.**轉乘速度(可選正常、慢速、快速) / **D.**轉乘次數 / **E.**途中經過地點 / **F.**指定欲搭乘的交通工具

Step 5 選擇票券及票價

Tickets
- Favorites / Adult A / Reduced B
- Prague
  - 30 CZK C
  - 30 minutes D
  - 4 zones E
  - adult

A.成人 / **B.**優待票(學生、老人、殘障人士) / **C.**價格 / **D.**可用時間 / **E.**可用區域(4 Zones代表布拉格0環內皆可使用)

Step 6 選擇人數

- Number of tickets A — 1, 2 ... 10
- Activation options B
  - Activation method — Manually later
  - The ticket must be activated later.
- Payment options
  - Payment type — Payment card
  - Save card
- Buy tickets for 48 CZK C

A.購票張數 / **B.**付款方式(信用卡、Master電子錢包) / **C.**購買

Step 7 付款、存取證明

14:06:28
Zbývá 29 min 39 sek
- Kód　　872-384
- Pásma　 P, O, B
- Typ　　 Senior
- Délka　 30 minut
- Platí od　14:06
- Platí do　14:36

可用信用卡付款。付款完成後，會收到付款證明，並有QRcode，搭車時如果遇到查票員驗票，出示此頁面即可。

布拉格市區交通
Praha Transportation

造訪捷克首都，該使用什麼交通工具？

布拉格的大眾交通方便又便宜，非常推薦到布拉格時可以善用大眾交通。
本篇將告訴你如何購買大眾交通票搭乘地鐵、電車及公車，讓你像在地人一樣悠閒上街。

I. P. Pavlova

地鐵

一張PIT票在手，讓你輕鬆遊走布拉格。

布拉格分成0～5環(Zone)，但所有著名的觀光景點，包含機場都在0環以內，所以只要購買0環內的票就可以了。

布拉格的主要大眾運輸工具為：地鐵(Metro)、路面電車(也有人稱路面輕軌，Tram)與巴士，這3種交通方式貫穿整個布拉格，由布拉格運輸公司(Pražská integrovaná doprava，縮寫PID)營運。地鐵目前只有黃色、綠色、紅色共3條線，並不複雜，04:30開始發車，00:30為末班車，再搭配24小時營運的路面電車及巴士，就能讓人輕鬆在布拉格遊玩得很盡興。

http 下載離線地圖：
pid.cz/ke-stazeni/?type=mapy

豆知識
為什麼布拉格的手扶梯又長又快？

布拉格的地形屬於小丘陵地，政府在建設地鐵時，為了避免高低落差，於是統一將地鐵往更深的基準線開始建造。歐盟最長的地鐵手扶梯正是位於布拉格內的Náměstí Míru，上下手扶梯所需時間約4分40秒，一年下來等於2.45天的時間。面對如此耗時的手扶梯，只好加快手扶梯的速度了。

大眾交通票

布拉格大眾交通票(Prague Integrated Transport，簡稱PIT)。在布拉格或是捷克其他城市，只要在限定區域及時間內，可以憑著大眾交通票，搭乘所有的車種(地鐵、電車、巴士、火車)。

▲在購票機上面的大眾交通票價表

大眾交通票票種與價格

票種	一般 (16歲以上成人)	折扣票 (11～15歲、60～65歲)	免費 (0～10歲、70歲以上)
30分鐘	30	15	免費
90分鐘	40	20	
24小時	120	60	
72小時	330	-	

＊票價單位：捷克克朗。
＊24小時以上的一般票，車票含佩特辛公園纜車。
＊折扣票須至服務櫃檯辦理，購買由PIT所製作的折扣卡。辦理時須攜帶護照及兩張證件照，酌收手續費20元克朗。
＊享免費搭乘者，遇到查票員須出示護照或帶有照片的出生證明。
＊資料時有異動，請以官方為準。

71 Traveling So Easy! in Czech

行家祕技：攜帶大型行李箱，需購買行李票

　　大家到布拉格最關心的就是行李票的問題，到底需不需要買行李票？應該如何購買？為何在購票機上沒有看到行李票的選項？以下就來替各位解答。

- ■25×45×70公分以下的行李箱(大約是手提行李的大小)，不需要額外購買行李票。
- ■買一日以上的PIT票，可享一件行李免費。
- ■行李票一張20克朗，一次可用180分鐘。
- ■傳統售票機沒有行李票的選項，可直接購買20克朗的票券。

傳統售票機購票Step by Step

　　傳統售票機只接受硬幣付款，不接受紙鈔與信用卡付款，所以購票前，請先備妥零錢。紅色機器可以用50、20、10、5、2、1克朗，黃色機器僅可用20、10、5、2、1克朗。紅色機器只能買0環以內的車票，而黃色機器0環內外的車票都可購買。

標示說明：
- 取消鍵
- 投幣顯示板
- 投幣處
- 票價種類選擇
- 語言選擇英文
- 票價說明欄
- 取票口以及找零口

Step 1　選擇語言

Step 2　按折扣鍵

　　購買11～15歲的兒童票時，請先按折扣鍵，上車遇到查票員需出示護照，或是帶有照片的出生證明。

Step 3　選擇價格

　　選擇所需要的價格，每個價格有不同的使用期限，請參考P.70。

布拉格市區交通篇

電子售票機購票Step by Step

新版的電子售票機，可以選擇刷卡或使用硬幣付款。

A.投幣處 / B.開始按鈕 /
C.觸控式螢幕 / D.取票口 /
E.刷卡感應處 / F.找零口

Step 1 按下開始按鈕

Step 2 選擇語言

A.捷克語 / B.英語 / C.德語 / D.俄語

Step 3 選擇票種

先決定購買票券的區域，以及是否需要折扣，如左側B～D的按鈕。再依據顯示板上的區域以及時間價錢購買票券，藍色代表全票，綠色代表折扣票。另外還有行李票的選項可以選擇。

Step 4 付款

選擇付款方式，投幣進硬幣投幣處或是刷卡。

A.語言選擇 / B.布拉格0環內全票 / C.布拉格0環外全票 / D.布拉格0環內折扣票 / E.布拉格0環外折扣票 / F.離開 / G.布拉格0環內30分鐘全票券 / H.布拉格0環內90分鐘全票券 / I.布拉格0環內24小時全票券 / J.布拉格0環內24小時全票券 / J.布拉格0環內72小時全票券 / K.行李票 / L.布拉格0環外30分鐘折扣票券 / M.布拉格0環外90分鐘折扣票券 / N.布拉格0環外24小時折扣票券 / O.價格 / P.數量 / Q.付款

搭乘地鐵Step by Step

Step 1 先至售票機買票

買票步驟及票價訊息請參考P.70～72。

Step 2 打票機打票

地鐵站的打票處與電車、巴士不同，必須在入口處打票。購買票之後，僅需要在第一次使用時打票，之後不論搭乘任何交通工具都不需要再重複打票。

▲傳統打票機

▲新型的打票機，有顯示時間

Step 3 看標示確認所在地及欲前往目的地

A.月台 / B.藍色S表示此站為火車站與地鐵站合一的車站 / C.綠線交會處 / D.白底黑字表示目前所在地，同時此處也是黃線交會處

Step 4 依標示找到正確月台

Kolej｜Track 2 月台
Směr Direction Černý Most
終點站

貼心 小提醒

投現注意事項

使用現金支付時，請記得準備足夠的零錢，最好準備20克朗以下現金，因為有部分機器無法投擲50克朗。

打票注意事項

- 使用時再打票，不要提早打。
- 不得重複打票：只要在第一次搭乘時打票。
- 重複打票則此票作廢。
- 打票機的地點：公車與電車車廂裡皆設有打票機，唯有地鐵，打票機不在地鐵車廂內，而是在地鐵入口尚未抵達手扶梯前。
- 通常查票員會站在地鐵車廂內查票，或是在下手扶梯後查票。

豆知識

布拉格地鐵站

布拉格黃線與綠線交織的地鐵站Můstek，是小橋的意思。起因是在該車站建造的過程中，發現了一個中世紀橋梁的遺跡，於是就此命名，現今你會在車站西北出口附近發現它的遺跡。

Step 5 查看時間顯示表

布拉格的地鐵在尖峰時段平均1.5分鐘一班，週末離峰時段約6分鐘一班。可以查看時間顯示表，知道列車何時進站及確認搭乘方向是否正確。

▲顯示列車於40秒後進站

▲顯示終點站為Zličín

Step 6 上下車別忘了按開門鈕

上下車都要按此鈕，門才會開啟。

Step 7 找到正確的出口

出站前可以查看標示，確認你要去的出口。

A.方向 / B.此處會有的設施 / C.路名與區域 / D.此方位主要地標 / E.此處巴士前往的地方

貼心小提醒

捷克查票規定
- 查票員的服裝並沒有統一的規定，但查票前他們一定會秀出查票徽章。
- 逃票罰款1,500克朗。
- 拒絕查票罰款400克朗，並且查票員會去報警，讓警察盤查身分，如果被查到沒有帶護照罰款2,000克朗。
- 使用短時間票券的旅客，一定要保留車票直到出站為止，不要隨手丟棄，以免遇到查票。

▲查票員的徽章

路面電車與巴士

布拉格市區交通篇

路面電車和巴士都是24小時行駛。

路面電車

　　布拉格的路面電車為24小時營運，深夜會轉成夜班車，由00:00開始到05:00結束，夜班車約半小時一班，民眾同樣可以使用布拉格大眾交通票券搭乘，不需要額外購票。(路線圖請見封面裡)

巴士

　　在布拉格主要市中心，包含觀光區，乘車都是以路面電車為主，而巴士的功能主要是連接郊區的交通，並且提高布拉格整體交通的便利度。在捷克搭巴士，基本上大站都會主動停靠，但若擔心巴士呼嘯而過，還是可以招手示意搭車。

▲布拉格的路面電車已是世界前三高乘載量的電車

▲巴士禁止飲食，若不配合司機可以制止或是請乘客下車

搭乘路面電車與巴士 Step by Step

Step 1 購票

購票步驟及票價訊息請參考P.70～72。

Step 2 確認所在地及目的地

A.所經交通工具 / B.所在地站名 / C.交通工具行經方向 / D.日班電車 / E.日班巴士 / F.夜班巴士 / G.夜班電車

Step 3 查看時刻表

A.車班號碼 / B.斧頭代表工作日，週一～五 / C.圓圈內的6表示週六 / D.十字架代表週日 / E.往每一站所需時間 / F.底線表示目前所在地 / G.小時與分鐘 / H.三角形內的M字表示地鐵站 / I.交通工具種類 / J.黑底表示夜班車

Step 4 上車後打票

電車與巴士打票處與地鐵不同，電車和巴士都是上車之後才打票。購買票之後，僅需要第一次使用時打票，期效時間內都不需要再打票。

◂將車票插入打票機上的打票孔，就會自動打上時間

Step 5 上下車別忘了按開門鈕

◂如果沒有按開門鈕，就算到站也不會開門

路上觀察：為什麼布拉格大眾運輸要查票，而不是刷卡進站呢？

很多人會問，為什麼歐洲要採信任的查票制，這樣不會使得大眾運輸的營運出現赤字嗎？根據統計，布拉格一年抓到的逃票人口數是20萬人，一個人罰800克朗，換算下來一年有1億6千萬克朗，所以查票制的所得其實和刷卡進站的收入差不多喔！

計程車

機場、著名的觀光景點都會看到FIX和Tick Tack的計程車。

政府對於計程車的顏色並沒有一定的規定，顏色是以計程車公司的設計為主。計程車皆是依里程計價，但各家計程車公司計價標準不同，起跳價約60克朗，布拉格市區內1公里收費36～40克朗，此外並不會再額外收取其他費用，夜間也不會多收費。通常從布拉格城堡到老城廣場，費用約150克朗左右。知名的計程車公司有Tick Tack、AAA，另外Uber、Bolt標價也很清楚。

行家祕技 布拉格復古觀光電車

來布拉格一定要體驗復古觀光電車(Historic Tram Line)，車內保留經典裝潢，可隨時上下車或一票到底，直接上車買票即可，或是在遊客中心購票，是浪漫遊覽布拉格景點的最佳方式！

主要有41號與42號線，列車約每40分鐘一班，行程時間約40分鐘。42號車行駛路線包含主要觀光景點，如行經查理大橋、舊城廣場、布拉格城堡、市民會館等地。41號行駛在伏爾塔瓦河左岸，行經城堡和查理橋，而後往stromovka公園方向前進，是一段富含歷史和生態的路線。

除了布拉格有觀光電車外，布爾諾(Brno)、皮爾森(Plze)也會在週末行駛復古觀光列車，布爾諾的復古電車為dřevák號，皮爾森的復古電車名為Křižík&Brožík，此外像是東邊工業大城Ostrava也會在特殊節日時，行駛復古電車以供民眾了解歷史。

布拉格復古觀光電車地圖

🕐布拉格：10:00～18:00運行。41號電車僅在週末及假期行駛，冬季暫停營運

💲布拉格：成人單程100克朗，優惠票(15歲以下兒童、帶嬰兒的家長、學生、殘障人士、65歲以上)60克朗，全天票(24小時內無限搭乘41、42號電車)400克朗，全天優惠票300克朗；3歲以下兒童免費。此票無法用於布拉格一般大眾交通票

布拉格41號觀光電車　　在布爾諾也可以搭到觀光列車

住宿篇
Accommodations

來到捷克旅行,有哪些住宿選擇呢?

捷克的住宿選擇多,有新型態的短租公寓、省荷包的青年旅館、高級的百年星級飯店,還有河岸旁的船屋。本篇將介紹實用又便利的住宿選項,可以根據個人需求一一挑選。

住宿種類

短租公寓是時下背包客的新寵兒。

飯店、青年旅館

旅客到布拉格旅遊，基本上會選擇飯店(Hotel)或是青年旅館(Hostel)。飯店提供給預算充足的旅客，青年旅館則是給預算較少的背包客，而這兩種住宿類型都有櫃檯人員，若需幫忙，24小時皆有人協助。

▲位於伏爾塔瓦河旁的洲際飯店

▲位於布拉格Florenc公車總站旁的青年旅館

新型態的民宿

許多遊客在自助旅行時喜歡住在民宿，也就是當地人開的私人住宿。台灣人認知的民宿，多半是指像Pension的住宿型態，地方雖遠，但空間大，房屋有特色。在寸土寸金的大都會，民宿則出現很多變化，如含早餐的家庭旅館(B&B)或是公寓型旅館(Apartment Hotel)，現在也很流行的短租公寓(Rental)，因不須與房東一起住，私密性較高，因此很受歡迎。

▲Pension通常是屋主在鄉下或山上買地蓋成的別墅

特色住宿：古蹟住宿

捷克以其保存完好的古蹟和歷史建築著稱，入住古蹟酒店更是不可錯過的體驗，這些古堡住宿不僅保存了歷史原貌，還融入了現代化的設施，讓人既能舒適休憩，又能深入感受捷克的文化底蘊。例如布拉格的卡羅四世酒店、克魯姆洛夫的 Krumlov Tower，或是在白堡旁邊的什特克爾(Hotel Štekl)、麥西利城堡酒店(Chateau Mcely)，以及列支敦士登家族的莊園打造的 HOTEL CHATEAU DE FRONTIERE，都是不可錯過的住宿選擇。

▲南波西米亞風格的Hotel Štekl，19世紀時，由被譽為南波西米亞國王的揚‧阿道夫二世親王建造

▲在1895年時還是捷克儲蓄信用銀行的布拉格卡羅四世酒店(照片提供／布拉格卡羅四世酒店)

各住宿類型比較表

種類	優點	缺點
飯店(Hotel)	住宿品質有一定的保障、入住時間彈性	價格較高
青年旅館(Hostel)	便宜、入住時間彈性	與多人同住一房，隱私不足
公寓型旅館(Apartment Hotel)	有自己的廚房，方便料理	價格較高、不含早餐
含早餐的家庭旅館(B&B)	價格包含早餐	屋主同住，隱私不足
短租公寓(Rental)	有自己的廚房，像自己家一樣，不需與屋主同住	住宿品質不一(環境問題)，需與屋主約時間拿鑰匙
郊區民宿(Pension)	房屋有特色	交通不便，屋主多半不會英文

*製表／黃以儒

上網訂旅館

Booking.com訂房網住宿選擇最多。

透過訂房網站的篩選，可以找到適合自己的住宿。Agoda、Hotels.com、Expedia、Booking.com、Airbnb都是大家普遍使用的訂房網站。以下將以Booking.com作為訂房網的介紹。

訂房網比較

訂房網站	特色
Agoda	網頁版面好看，以亞洲區的住宿選擇為多
Hotels.com	註冊為會員，可以獲得較多優惠
Expedia	機＋酒的優惠比較多
Booking.com	住宿選擇多，數量最大，是歐洲人最普遍使用的網站
Airbnb	以新型態的短租公寓為主，但住宿品質不一

＊製表／黃以儒

貼心小提醒

網路訂房注意事項

- 訂房時請留意是否已包含城市稅。
- Airbnb大多數還會額外收取一筆清潔費。
- 訂房完成後，建議儲存或是列印有捷克文或英文的住宿證明。
- 有些飯店會直接從訂房時的信用卡中扣款，有的則是當場收費，請仔細確認。

上網訂旅館 Step by Step

booking.com

Step 1 前往Booking.com網站

首先，你可以先註冊成為會員，成為會員的好處是，可以儲存瀏覽紀錄，若是住宿確認單遺失，也可以到會員中心找回。

A. 貨幣選擇 / **B.** 語言選擇 / **C.** 註冊成為會員 / **D.** 登入 / **E.** 尋找住宿 / **F.** 尋找機票 / **G.** 尋找租車 / **H.** 尋找機場計程車 / **I.** 輸入旅遊目的地 / **J.** 住宿日期 / **K.** 住宿人數 / **L.** 搜尋

Step 2 挑選喜歡的住宿空間

在分類搜尋中，還可利用客製化的分類，選擇符合條件的住宿空間。

A.搜尋結果 / **B.**空房情況 / **C.**分類搜尋 / **D.**預算 / **E.**熱門篩選（分類搜尋中還有各種客製化的分類）

Step 3 查看空房情況

查看是否還有空房，也可以檢視客房評價。另外，可以選擇無訂金的訂房政策，按下預訂。

▲ **A.**可以查看評價 / **B.**房價包含的內容 / **C.**預訂政策（可以選擇無須訂金的訂房政策）/ **D.**房間數量 / **E.**資料無誤便可以按下預訂

Step 4 輸入個人資料

輸入個人資料後，請確認可以免費取消的時間、住宿費用及取消訂房時會收取的費用。

A.輸入個人資料 / **B.**幫別人訂房 / **C.**最晚可以免費取消預訂的時間 / **D.**住宿的實際總費用 / **E.**逾時取消訂房會收取的費用

Step 5 輸入信用卡資料

信用卡持有者最好和住宿者為同一人，避免有些飯店會因此拒絕入住。另外，網站為了確保預訂人會確實入住，因此會將房費從信用卡中凍結，實際入住後才會收取房費。

A.確認姓名及電子郵箱 / **B.**輸入地址與手機 / **C.**希望何時付款 / **D.**確保預訂人會實際入住，因此將房費先從信用卡中凍結 / **E.**輸入信用卡資料 / **F.**完成預訂

飲食篇
Gourmet

走！到捷克吃吃喝喝！

用餐前說一句「Dobrou chu！用餐愉快！」是每一個捷克人的習慣與禮貌。
本篇將一一介紹捷克人的用餐習慣與飲食方式，還有許多美味可口的各式料理，
讓你更輕易地融入當地生活，為這趟旅行增添更多回憶。

捷克用餐須知

了解捷克人的飲食文化，可以更貼近他們的生活。

捷克人的三餐

捷克人的早餐

捷克人的傳統早餐以麵包為主，這種麵包稱為Chléb或是Rohlík，再搭配抹醬就更完美了。捷克人喜歡一種稱為Tvaroh的抹醬，中文是奶渣，將牛奶中的乳清分離後所得的抹醬，有點酸酸的味道，像是固體的酸奶。

▲百年咖啡館「羅浮咖啡廳」是吃早餐和下午茶的首選

▲捷克人早餐會吃的麵包，通常是超市中販售的法棍

豆知識

羅浮咖啡廳(Café Louvre)

1902年開幕的羅浮咖啡館在當年是布拉格最現代化的咖啡館，不但設有電話，更是首座使用現代燈泡的咖啡館，這裡也是捷克第一個舉辦女性沙龍的地方，因此吸引許多知識分子聚集於此。只可惜到了1948年，被蘇聯共產政權下令關閉，一直到1992年後才又再次營業。此外，時代感的裝潢以及親民的價格，也是吸引許多人造訪的原因。

✉ Národní 22, Nové Město

捷克人的午餐

一般來說捷克人的午餐幾乎都會吃得很豐盛，而且是有菜有肉的熱食，通常還會搭配湯，但現代人講求健康，會以沙拉代替。

▲午餐時間許多餐廳都會推出商業午餐，價格約在200克朗以下

▲一般捷克公司午餐時間為1小時，通常12:00～14:00購物中心裡的美食街都擠滿人

捷克人的晚餐

捷克人的晚餐和午餐不同，午餐為熟食，而晚餐則是冷的，主要是將麵包切片，與鹹的沙拉和火腿搭配一起吃。晚餐常見的熟食店：Liberské lahůdky，專門賣切片麵包，還有像是潛艇堡一樣的三明治。

豆知識
捷克常見的奶製品

因為飲食文化的關係，亞洲人對於奶製品的認識不深，因此在逛捷克超市時會充滿疑惑，以下簡單介紹捷克超市常見的奶製品。

- **奶渣(Tvaroh)**：麵包的抹醬，不僅捷克人喜歡，也深受東歐人喜愛。口感像是濃縮的優酪乳。
- **硬質起司**：可以加在沙拉、冷盤、義大利麵或三明治中，因為遇熱就會融化，可以增添更多奶香味。捷克超市中常見的是埃德姆起司(Eidam)。
- **軟質起司**：軟質起司分成很多種，最常見的就是用於沙拉中的瑪芝瑞拉起司(Mazzerella)，還有當作抹醬的瑞卡達起司(Ricotta)。

▲◀捷克人通常會到熟食店購買三明治(Chlebíčky)，超市中也設有熟食店專區，提供省時又便利的晚餐

餐廳用餐 Step by Step

Step 1 注意服裝與入座方式

在捷克一般餐廳用餐，可以抱著輕鬆的態度面對，穿著只要乾淨不要太居家即可。高級一點的餐廳需要帶位，但大多數的餐廳則是讓客人自己找位子，入座後服務生就會拿菜單過來。

Step 2 點飲料或酒類

一開始點餐時，服務生會先問你要喝什麼飲料，這時大多數的人會點酒類，而啤酒是餐廳中最受歡迎的飲料。捷克大部分餐廳沒有提供免費的開水，單點水的費用大概是1公升80克朗。若不是在快餐店用餐，捷克人在用餐時多半都習慣會點飲品，甚至一次喝上好幾種。

Step 3 點餐

當服務生將飲料送上後才會開始點食物，如果時間比較趕，也可以在點飲料時一併點好餐點。點餐雖然分為沙拉、湯、主餐，但不需要每樣都點，可以按照個人的食量點餐。

Step 4 點飯後甜點

用餐結束後，服務生會再度上前詢問是否需要飲料或甜點，此時才會開始點咖啡與甜點。雖然以上是一般在捷克的用餐情況，但若是想一次將主餐、飲料及甜點都點好也無妨。

Step 5 結帳

買單時，請以招手或眼神示意服務生前來結帳，千萬不要有身體上的碰觸。店員看到後，會將帳單遞上，然後離開，之後只要將現金或是信用卡放在桌上，店員便會再次前來，無須再次招手。

Step 6 小費

在捷克並沒有明文要給小費，也沒有規定比例，但觀光區有些店家會主動要求小費，可以自行選擇給或不給。若要給小費，可以支付10%或是算整數即可。若是到餐廳用餐的話，多數人會依據服務品質給小費，以表達自己對於餐廳的滿意度，一般而言也是以10%作為支付標準。

服務費

總金額

貼心小提醒

用餐注意事項

- **免費開水**：大多數餐廳不提供免費開水，販售的水通常比啤酒貴，約1公升80克朗。
- **桌上麵包**：部分餐廳會提供麵包籃，但通常會收費，每人約40克朗。如不需要，記得提前告知請店家撤回，否則即使未食用也會計費。
- **匯率**：結帳前務必檢查發票，選擇以克朗付款更划算。若不是用歐元結帳，請事先確認匯率，避免不必要的費用損失。
- **用餐時間**：一般來說大約是90分鐘，因捷克餐廳製作餐點的時間較久，建議最好預留90～120分鐘用餐時間。

小酒館文化

捷克人一般喜歡到小酒館喝啤酒，多數男性會選擇下班後去喝一杯再回家，因此小酒館成為捷克人發展社交網絡的重要場所，在布拉格市中心，Lokál是當地超熱門的小酒館。小酒館裡提供的食物較為簡單，像是薯條、香腸等，通常大家會在小酒館吃點東西，回家後再吃簡單的切片三明治。

▲ 布拉格市中心超熱門的小酒館Lokál

▲ 不同品牌的扎啤是每間小酒館的特色，從桶子裡直接打起來的扎啤，濃濃的麥香味是最好的選擇

小酒館裡會有大電視，每年的冰上曲棍球賽季總是擠滿著人。小酒館(Hospod)和啤酒(Pivo)是每個學習捷克語的人第一堂課就會學到的詞語，從這一點就可以知道小酒館對於捷克人生活的重要性。

- Lokál
- ✉ Dlouhá 33, Staré Město

行家祕技 露天酒吧

因為捷克沒有冷氣，所以夏天到露天酒吧喝啤酒消暑，是捷克人常見的活動。在這裡推薦一個可以看夜景的露天酒吧！

- **啤酒花園(Letná Zahradní restaurace)**
- ✉ Letenské sady, Praha 7

▲ 近年來啤酒車成為戶外飲酒的熱門選擇

捷克特色餐點

捷克因為歷史及地理之因，料理融合了中歐、義大利、俄羅斯菜系，與德國和奧地利相同的有烤豬腳、炸雞排、炸豬排等，而最具捷克特色的則是燉煮料理，例如奶油燉牛肉或豬肉，以及燉鴨腿。

前菜

炸起司 (Smažený sýr Cream)

炸起司是將起司用麵粉、雞蛋和麵包粉包裹，然後在鍋中煎炸。搭配塔塔醬或蛋黃醬，或是沙拉、馬鈴薯及薯條一起享用。在快餐店中炸起司不算是一道前菜，反而是一道正餐。

牛肉塔塔 (Tatarák)

牛肉塔塔是一道歐洲經典的前菜，多半以牛絞肉、牛油果、豆子、菠菜，以及洋蔥搭配，最後再加入蛋黃。捷克版本的生牛肉塔塔會加入更多香料調味，味道更豐富。

湯(Polévka)

傳統牛肉湯(Goulash)

這道菜是中歐的特色佳肴，有番茄香的羅宋湯做湯底，搭配牛肉和馬鈴薯，口味相當不錯。在早年為了溫飽也會搭配麵包製成湯品。在餐廳這道湯約180克朗(價差大約50～100克朗上下)。

大蒜湯(Česnečka)

捷克人一般喜歡在午餐吃得最豐盛，這道經典的湯就是他們午飯時會喝的，雖然是清湯，但味道十分濃郁，以火腿跟大蒜熬煮製成。吃的時候，捷克人喜歡在湯裡面搭配麵包丁或磨碎的起司。這道湯也是捷克人推薦的醒酒湯。

主餐

烤鴨肉 (Pečená kachna)

烤鴨肉的味道像是法式料理中的油封鴨，先醃製而後烤，與法國料理不同的是，配菜有蘋果燉白菜（雖然看不到蘋果，但可以吃到蘋果的甜味），或是紫色醃菜，再加上切片饅頭。價格大約250克朗左右。

烤豬腳 (Pečené vepřové koleno)

捷克傳統的烤豬腳會配上醃酸黃瓜、酸菜絲（酸菜絲有白色跟紫色兩種）以及芥末醬，有些餐廳則是會配上饅頭作為主食。捷克的烤豬腳和德國的烤豬腳在於烤皮上的不同，捷克的豬腳在烤皮上相對較脆，比起德國烤豬腳更好咬。價錢則是300克朗上下，通常觀光區的價錢會再貴一些。

炸豬排或炸雞排 (Vepřový řízek or Kuřecí řízek)

炸豬排或雞排是常見的捷克家庭菜，尤其在平安夜時一定要吃，口感像是拍得比較扁的豬、雞排，通常搭配檸檬增添口感，價格約180克朗左右。

燉牛肉／豬肉佐奶油醬 (Svickova)

Svickova是一道經典的捷克菜肴，也是來捷克必吃的美食之一。將牛腩或是豬肉用胡蘿蔔、芹菜、洋蔥等蔬菜醃製，再加入黑胡椒、杜松子、五香粉、月桂葉等香料燉煮，再淋上奶油煮成的醬汁作為佐醬。通常配菜有捷克的饅頭和酸甜蔓越莓醬。價格大約200克朗左右。

廣場小吃

切片烤豬腳 (Šunka)

在廣場賣的小吃中，就屬烤豬腳最吸引大家的注意。不僅大隻豬腳的視覺震撼，放在爐上炭烤，香氣四溢，但價錢不算便宜，一份約250～350克朗(約100公克100克朗)，有些小吃攤的價格甚至比餐廳還貴。

Halušky

Halušky是一道中歐家庭的庶民美食，幾乎每家都有自己的獨特食譜。Halušky料理方式是將食物做成湯團狀，看起來糊糊的像是燕麥，食材可以是麵團、麵條、馬鈴薯等，再搭配奶酪、山羊起司、培根等一起享用。100公克約50克朗。

烤香腸 (Klobása na grilu)

雖然在肉店也可以吃到，但是廣場上現烤的炭香味更濃厚，因此是熱門美食之一。一隻烤香腸，搭配免費的捷克麵包Rohlík或是Chléb，價錢為100克朗左右。

蘭戈斯 (Langoše)

蘭戈斯是一道類似披薩的匈牙利傳統菜肴。做法是將麵粉、酵母、鹽製成的麵包入油鍋炸。由於蘭戈斯價錢便宜且做法簡單，因此經常作為快餐食用。現今除了匈牙利之外，其他歐洲地方也可以買到蘭戈斯。

煙囪卷 (Trdelník)

煙囪捲是將麵團卷起放在長條形的鐵器上，經過炭烤而成。原先是匈牙利的點心，傳入捷克後大受歡迎，成為旅客必吃的甜食之一，價錢也從最早的45克朗，上升至現今快破百元克朗。

肉製品

肉凍
(Šunkové závitky v aspiku)

一種凍類的冷盤，裡面根據廚師的食譜放入各種食材，主要是火腿等肉類，也可以放入水煮蛋、黃瓜，甚至是青椒。肉凍在超市可以買到，也是冷晚餐的主要食材之一。

肉餅
(Teplá sekaná)

Teplá sekaná是一種烤好的熟食，製作方式相當簡單，將絞肉混入洋蔥、蛋、鹽等香料，放入類似長形蛋糕的模具中，讓它定型後再放入烤箱。食用時再切片享用，最常搭配捷克麵包(Český Chléb)。

醃香腸的作法特殊，先將肉醃製好、塞入腸衣以後，再將香腸放入特殊醃製的醬料(醋和洋蔥等混合液)中浸泡。這道小吃在捷克的酒吧很常見，通常搭配啤酒享用。捷克語Utopenci意思是溺水者，據說最初是一位磨坊主不小心讓香腸掉入醃漬桶中，卻發現味道更好，因而得名，並成為經典下酒菜。

醃香腸
(Utopenci)

行家祕技 我們的肉店(Naše maso)

我們的肉店屬於比較現代化的肉店，店裡乾淨，櫃檯人員會說英語，也有英語菜單，之前以漢堡聞名，但他們販售的傳統肉餅或是香腸味道也相當不錯。

✉ Dlouhá 727/39, Staré Město
🕐 週一～五10:00～20:00，週六10:00～18:00，週日休息
http www.nasemaso.cz/en

甜點

水果餡餃子 (Ovocné Knedlíky)
由發酵的麵團包著桃子、杏桃、草莓等，然後再用水煮熟。在醬料的部分用糖、奶酪、奶油做成，這道甜點吃下去相當有飽足感，不僅可以當作甜點，也可以當作主菜。

香煎薄餅 (Palačinky)
這道甜點是捷克人最愛的點心，與可麗餅的做法相同，唯一不同的是口感軟綿，經常搭配鮮奶油、蜂蜜、巧克力以及冰淇淋。

蜂蜜蛋糕 (Medovnik)
這道捷克甜點，與其說是蜂蜜蛋糕，更像千層蛋糕，一層蛋糕體加上一層的蜂蜜或是蜜糖，層層堆疊組合而成，分量也是十分扎實。蛋糕上面擺上的細核桃更增添了蛋糕的口感。

巧克力蛋糕 (Indianek)
這款巧克力蛋糕的捷克語直譯為印度女人，為何有著這麼獨特的名字？其實是因為印度女人音譯又指「甜蜜的吻」，適合比喻這款巧克力香甜的滋味。它的口感也相對豐富，外層是巧克力片，吃起來脆口，裡面則是鬆軟的奶油。

奶油卷 (Kremrole)
奶油卷是卷狀的酥皮糕點，裡面裝有鮮奶油，外面則是被脆脆的酥皮包裹，酥皮外撒上糖粉，口感像是酥脆的蛋捲，相當好吃，現在另有裡面加上卡士達醬或是草莓等的口味。

Traveling **So Easy!** 95
in Czech

飲食篇

罌粟籽捲 (Makový Závin)

捷克的經典甜麵包，形狀像瑞士捲，不過裡面夾的不是奶油，而是罌粟籽泥，吃起來像是黑芝麻泥的口感。這道甜點通常出現在家庭聚會或節日中，是訪捷必嘗的傳統美味之一，一般超市就買得到。

椰子夾心餅 (Laskonka)

由椰子粉和堅果做成的夾心餅乾，在捷克相當受到歡迎，一個大約15克朗左右，如果到捷克家庭做客，可能會吃到更多種不同口味的椰子夾心餅。

泡芙 (Vetrnik)

捷克泡芙名為vetrnik是指風車的意思，因為形狀像旋轉的風車而得名。捷克泡芙的特色是表皮又上了一層糖衣，吃起來有脆度，內層是軟綿的鮮奶油或是卡士達醬。

啤酒

皮爾森啤酒 (Pilsner Urquell)

同時也是捷克在世界上最著名的啤酒，由皮爾森生產，以淺色啤酒、濃厚的麥香，以及啤酒花聞名。

行家祕技：捷克啤酒類型

捷克是啤酒大國，捷克人民的人均啤酒量更是世界第一。在捷克喝到的啤酒大致包括以下幾種：淺色啤酒(Svetle)，這種啤酒麥芽味較重；深色啤酒(Tmave)或黑啤酒(Cerne)，這種啤酒甜味更重一些。一般而言，超市的啤酒最便宜，500ml大約15克朗；餐廳的啤酒大約是40克朗。建議大家在餐廳可以點新鮮的扎啤(Draft Beer)來喝，扎啤是一種打製啤酒的方式，而且價格與其他啤酒差不多。餐廳中最常提供的扎啤為皮爾森啤酒。

山羊啤酒 (Kozel)

不但是最著名，也是銷量最好的黑啤酒，麥香的濃度最高。

Braník啤酒

布拉格在地的啤酒。擁有啤酒花香氣是其特色，其中商標上的兩個天使象徵著布拉格。

Gambrinus啤酒

捷克最受歡迎的啤酒之一，顏色較深，帶有一點苦味，不斷的推陳出新各種新口味，例如檸檬、萊姆等，廣受年輕人的喜愛。

百威啤酒 (Budweiser-Budvar)

捷克的百威啤酒採用天然礦泉水製作而成，酒精濃度低，有淡淡的苦味。

餐廳推薦

捷克餐廳物美價廉，一定要品嘗看看。

貓頭鷹網站前10名餐廳
U Kroka

✉ Vratislavova 28, Praha 2(近高堡) ☎ +420 775 905 022 ◷ 11:00～23:00 💲 人均400克朗 ➡ 電車Výto站，步行約3分鐘
🌐 www.ukroka.cz

知名貓頭鷹網站評價前10名的捷克餐廳，是內行人必去的餐廳之一，餐點好吃外，服務員也都會說英文，相當親切，不用擔心無法溝通。用餐前請先打電話詢問空位，以免等待時間過長。

烤豬腳必點
Porks

✉ Mostecká 16, 118 00 Praha 1(近查理大橋) ☎ +420 773 667 676 ◷ 11:00～22:00 💲 人均約300～500克朗 🌐 www.porks.cz

這家餐廳主打豬肉料理，尤其是烤豬腳，餐點分量足、風味濃郁，距離查理大橋僅幾步之遙，是遊覽名勝後的能量補給站。

---

97 Traveling **So Easy!** in Czech

飲食篇

華麗的建築風格
帝國咖啡館(Café Imperia)

✉ Na Poříčí 1072/15, Petrská čtvrť ☎ +420 246 011 440 ◷ 07:00～23:00 💲 人均500克朗 ➡ 電車Bílá labu，步行約3分鐘 🌐 www.cafeimperial.cz

帝國咖啡館至今有100多年的歷史，早期以招待仕紳階級為主，富麗堂皇的建築風格相當吸引人，但價格來說也高了一些，一人平均消費在500克朗左右。

觀光客可別錯過
Kolkovna

✉ V Celnici 1031/4, 110 00 Nové Město ☎ +420 224 212 240 ⏰ 11:00～00:00 💰 人均500克朗 ➡ 地鐵Náměstí Republiky站，步行約1分鐘 🌐 www.kolkovna.cz

Kolkovna同樣是捷克知名的連鎖餐廳，主要開在觀光區附近，對觀光客來說非常便利，因為宣傳得宜，用餐時間通常需要排隊，建議要事先訂位。因為觀光客眾多，也傳有小偷在餐廳內埋伏，千萬不要將手機放在桌上，包包也不要離開視線。

捷克知名連鎖甜點
Ovocný Světozor

✉ Vodičkova 39, Praha 1(瓦茨拉夫廣場上) ☎ +420 774 444 874 ⏰ 08:00～20:30 💰 人均約100克朗 ➡ 電車Václavské náměstí站，步行約1分鐘 🌐 www.ovocnysvetozor.cz

捷克知名甜點連鎖店，也是少數需要排隊的甜點店，不只有賣蛋糕、冰淇淋，還有賣切片三明治(Chlebíčky)，每到晚餐時間人特別多。部分店家在關店前1個小時會祭出8折優惠。

時尚快餐店
Modrý Zub

✉ Spálená 29, 110 00 Praha 1(近瓦茨拉夫廣場) ☎ +420 222 211 128 ⏰ 11:00～22:00 💰 人均約250～400克朗 🌐 www.modryzub.cz

這是一家東南亞餐廳，以越泰兩國料理為主，價格合適，出餐迅速，深受當地人和遊客喜愛。推薦泰式椰奶咖哩、越南河粉(Pho或Phad Thai)。

以烤鴨聞名
Kuchyn

✉ Na Opyši 1, 118 00 Praha 1(近布拉格城堡) ☎ +420 233 375 850 ⏰ 11:00～22:00 💰 400～700 克朗 🌐 www.kuchyn.restaurant

布拉格城堡外的餐廳(靠近馬提亞思門)，以傳統捷克家常菜為主，推薦烤鴨，以及Svickova，逛完城堡區，來這一家餐廳用餐正好。

義大利麵極其美味
Palo Verde Bistro

✉ Vladislavova 20, 110 00 Praha 1(近瓦茨拉夫廣場) ☎ +420 773 123 456 ⏰ 10:00～21:00 💲 300～500克朗 🌐 www.paloverdebistro.cz

這是一家素食餐廳(不含蛋奶素)，除了提供三明治、沙拉外，尤其推薦義大利麵，是連非素食者也會喜歡。

簡約裝潢的越式餐廳
Bánh Mì Makers

✉ Dlouhá 727/39, Staré Město(近共和廣場) ☎ +420 608 967 210 ⏰ 08:00～22:00 💲 人均約300克朗 ➡ 電車Dlouhá třída站，步行約2分鐘 🌐 www.banhmimakers.com

因捷克過去是共產國家，早年收留了許多越南難民，因此越南餐廳隨處可見。餐點平價，口味也相當道地，是平日用餐的好選擇。現今也有許多裝潢現代化的越南餐廳，例如本店位於布拉格市中心共和廣場附近，簡約的木頭裝潢，乾淨俐落，也顯示新一代越南人的品味。

唯美的法式甜點
IPPA CAFE

✉ Zámecké schody 2, 118 00 Praha 1(近布拉格城堡) ☎ +420 725 444 111 ⏰ 09:00～19:00 💲 250～400克朗 🌐 www.ippacafe.cz

位於布拉格城堡區內，靠近黃金巷的法式咖啡館，以唯美的法式甜點著稱，城堡區一路逛到這裡時差不多應該已經累了，很適合小憩一下，喝一杯咖啡，搭配一塊法式蛋糕。

飲食篇

99 Traveling So Easy! in Czech

知名的義大利餐廳
Grosseto

✉ Francouzská 79/2, Praha 2 ☎ +420 224 252 778 🕒 11:30～23:00 💰 人均約400克朗 ➡ 地鐵Náměstí Míru，步行約1分鐘 🌐 www.grosseto.cz

　　Grosseto是布拉格很有名的義大利餐廳，Pizza相當好吃。而布拉格街頭巷尾其實隨處都可以見到寫著Pizza字樣的義大利餐廳，地鐵站外也有販賣Pizza的小店，一個八分之一大小的Pizza約50克朗。

布拉格的地鐵站外常見有販賣Pizza的小店

口味多元的創意壽司
Yami Sushi

✉ Gurmet Pasáž Dlouhá 39, Staré Město, Praha 1 ☎ +420 222 311 078 🕒 11:00～22:00 💰 人均約500克朗 ➡ 電車Dlouhá třída站，步行約2分鐘 🌐 www.yamibistro.cz

　　在捷克的亞洲料理中除了越南菜受歡迎外，壽司也大受大家喜歡，到處都可以看到賣壽司的店，其中Yami Sushi的壽司口味多元，它的創意壽司更是熱門。

天然食材冰淇淋
Angelato

✉ 24, Újezd 425, Malá Strana, 118 00 Praha(近佩特辛公園) ☎ +420 777 787 344 🕒 09:00～20:00，冬天不開門 💰 100克朗 🌐 www.angelato.cz

　　布拉格最受歡迎的冰淇淋品牌之一，但只有夏天才有營業。以天然食材製作多種口味的冰淇淋，夏天從佩特辛公園遊玩下來，很適合來一球消消暑。

新興時髦的烘焙坊
Artic Bakehouse

✉ Újezd 11, 150 00 Malá Strana, Tschechien(近佩特辛公園) ☎ +420 771 140 048 🕒 07:00～19:30 💰 100克朗 🌐 www.articbakehouse.cz

　　這家手工麵包店提供麵包與咖啡，最推薦牛角麵包，如果要去佩特辛公園野餐，很適合先買了這家的麵包後，帶上山享用。

捷克菜單

主餐 Hlavní jídlo

奶油醬牛肉搭配捷克饅頭	Svíčková na smetaně, knedlík
燉牛肉搭配捷克饅頭	Hovězí guláš s knedlíkem
炸豬排	Vepřový řízek
炸雞排	Kuřecí řízek
炸起司	Smažený sýr
炸蘑菇	Smažené žampiony
炸花椰菜	Smažený obalovaný květák
烤鴨肉	Pečená kachna
烤豬腳	Pečené vepřové koleno
烤雞搭配馬鈴薯	Pečené kuře s brambory
牛肉	Hovězí
魚	Ryba

湯 polévky

蒜頭湯	Česneková polévka
馬鈴薯湯	Bramboračka polévka
蔬菜湯	Zelná polévka
牛肉湯	Hovězí vývar

沙拉 salát

混合沙拉	Míchaný salát z čerstvé zeleniny
凱薩沙拉	Salát Caesar
自製鴨胸沙拉	Salát s domácím zauzeným kachním prsíčkem
山羊奶酪沙拉	Rozpečený kozí sýr

附餐 PŘÍLOHY NA PŘÁNÍ

炸薯條	Smažené hranolky
馬鈴薯泥	Bramborová kaše
燉米飯	Dušená rýže
烤蔬菜	Grilovaná zelenina
培根豆莢	Fazolové lusky na slanině

甜點 Dezerty

水果餡餃子	Ovocné Knedlíky
香煎薄餅	Palačinky
冰淇淋	Zmrzlina

飲料 Nápoj (不含酒精 Nealko)

自製檸檬汁	Domácí limonády
蘋果汁	Jablečný džus
柳橙汁	Pomerančový džus
咖啡	Káva
紅茶	Černý čaj
水	Voda
礦泉水	Minerálka voda

啤酒 Pivo

扎啤	Čepovaná piva
瓶裝啤酒	Lahavové pivo
黑啤酒	Černý pivo

酒 Vino

紅酒	Červené víno
白酒	Bílé víno

購物篇
Shopping

在捷克,有什麼東西好買?

捷克是歐洲消費較為便宜的國家,因此可以在當地買到許多物美價廉的商品,甚至其他歐洲國家的商品,在捷克買也相對便宜。捷克水晶舉世聞名,不論品質和價格CP值都很高,也是到此必買的紀念品。還有哪些必買的商品?本篇將一一介紹,讓你成為捷克的購物達人。

CINEMA CITY

捷克購物與退稅

最大的折扣會出現在1月初～1月底。

最佳購物時機

捷克和歐洲其他國家一樣，每年的夏季(約6月底)和冬季(約12月中旬後)都有折扣活動，而且最吸引人是折扣期很長，尤其是冬季折扣，通常從聖誕節前(約12月中旬)開始，一直到1月31日結束，而且大量的折扣會出現在1月初～1月底，想要買各大品牌的人可以把握這個時間。如果想要買精品，可以把握聖誕節前夕和復活節兩個時間。

退稅規則

歐洲的課稅重，但如果你是非歐盟居民，在離開歐盟時，可以獲得退稅，這對於觀光客來說不僅是一個福利，也更能促進買氣。

退稅須知

■必須是非歐盟居民。
■必須是可退稅商品。
■店家有提供退稅服務(購買前先問店員是否可以Tax Free，這樣才可以索取退稅單)。
■一天內在同一間商店消費滿2,001克朗。
■購物之後，3個月內會離開歐盟。

請注意 挪威、瑞士是屬非歐盟區。

退稅比例

試算可退稅金額 ppt.cc/fTJ0dx
■一般商品(除不可退稅商品外)可退21%。
■書籍、藥品、眼鏡可退15%。

請注意 退稅雖是以21%或15%計算，但退稅公司會收取手續費！實際上可以拿到的錢是，2,001～49,999克朗約12%，50,000～59,999克朗約13%，以此類推。

不可退稅商品

■食品和酒精。
■武器。
■汽車。

退稅步驟介紹

在捷克有兩家公司負責退稅，Global blue(退稅單是藍色)、Primier tax free(退稅單是橘色)，退稅規則皆相同，唯一不同的是發錢單位，至於由Global blue或是Primier tax free支付，則是看店家與哪家公司合作而定。

▶ Planet tax free

Global blue tax free ▼

如何填寫退稅單

退稅一點都不難，只要跟著退稅步驟走，便可輕鬆地拿到退稅。**請注意** 退稅單上的稅金不代表退稅金額，還必須扣手續費。Global Blue為每筆80克朗手續費，Primier則以百分比計算。

▲ 在機場，兩間退稅公司都可以辦理各國退稅單

▶ 務必記得投遞信箱，才能寄到退稅公司，取消信用卡抵押

A.商品 / **B.**數量 / **C.**稅前價格 / **D.**含稅後價格 / **E.**此項商品政府課的稅比 / **F.**稅金 / **G.**商品銷售金額(含稅之後的總價) / **H.**退稅金額 / **I.**姓＋名 / **J.**住家地址 / **K.**國家 / **L.**電子信箱 / **M.**電話(含國碼) / **N.**顧客簽名 / **O.**退稅方式(信用卡、支付寶、支票、現金) / **P.**顧客簽名 / **Q.**海關蓋章處

兩種退稅方式比較

城市	優點	缺點
市中心辦理退稅	退稅公司會直接退克朗，可以直接在當地消費，或是去換匯所換錢	只提供旅客於捷克消費時所開的退稅單，他國的退稅單，一律在機場辦理
機場辦理退稅	各國退稅單皆可受理	機場換匯由克朗換成美元、歐元約損失10%

退稅步驟

在捷克退稅有兩種方式，一種是直接在市中心的退稅公司完成退稅手續，另一種是在機場辦理退稅手續，但兩種都必須在離境時蓋海關章。在市中心退稅必須用本人的信用卡進行擔保，以防旅客沒有離境，或是在離境時忘了蓋海關章。在蓋海關章時必須出示護照、商品(未使用過)、離開歐盟的登機證以及退稅單。

Step 1 領取退稅單

Step 2 填寫退稅單

Step 3 至退稅公司或機場辦理

Step 4 離境前蓋海關章

Step 5 投遞退稅單

行家祕技 退稅公司的退稅點

Global blue市中心退稅點
・PALLADIUM1樓
✉ Namesti Republiky 1, Prague 1
🕐 10:00～20:00
・VAN GRAAF
✉ Václavské náměstí 17, Prague 1
🕐 12:00～18:00

Planet tax free市中心退稅點
・Fashion Arena Prague Outlet
✉ Zamenhofova 440, 108 00 Praha-Štěrboholy
🕐 10:00～20:00
・Botanicus
✉ Týn 3, Ungelt - Botanicus, Prague
🕐 10:00～19:00

百貨公司及精品店

匯集世界各大品牌，尤其是歐洲的品牌比台灣更便宜。

歐洲的購物文化沒有像台灣這麼盛行，所以百貨公司較少，但也相對較集中，通常一家百貨公司就可以買到所有品牌。在百貨公司及精品街購物時，記得要拿退稅單，這樣可以幫荷包省飽飽。

連鎖百貨公司

Palladium 200 shop

布拉格市中心最熱鬧的百貨公司，位於地鐵站Náměstí Republiky出口處。

✉ nám. Republiky 1078/1, Nové Město ⏰ 10:00～22:00 🌐 www.palladiumpraha.cz

Nový Smíchov

布拉格市左岸的百貨公司，以平價以及家用品牌為主，位於地鐵站Anděl出口處。

✉ Plzeňská 8, Praha 5-Anděl ⏰ 10:00～22:00 🌐 novy-smichov.klepierre.cz

Centrum Chodov

布拉格最大的百貨公司，位於地鐵站Chodov出口處。

✉ Roztylská 2321/19, Praha 11 ⏰ 10:00～22:00 🌐 www.centrumchodov.cz

精品街、品牌店

巴黎大街(Pařížská)

捷克唯一的奢侈品大街，位於舊城廣場附近。

✉ Pařížská, Staré Město ⏰ 10:00～19:00

品牌店

布拉格購買潮牌或是大眾品牌的集中地，位於共和廣場附近。

✉ Na Příkopě, Nové Město ⏰ 10:00～20:00

日用品商店

107 Traveling So Easy! in Czech

購物篇

迷你超市是晚歸族的好朋友，通常開到半夜。

日用品商店是捷克人生活中最常去的店鋪，因此市占率高，地點又好，基本上地鐵站旁都可以找到連鎖超市。

超市

albert、BILLA

市占率高，通常在百貨公司下，或是地鐵站旁。

✉ Albert Sokolovská 394/17, Karlín ✉ ABilla V Celnici 1031/4, Nové Město ◐ 07:00～23:00

TESCO

TESCO和其他許多的大型超市一樣都有自助結帳區。

✉ Plzeňská 8, Praha 5-Anděl ◐ 06:00～00:00

藥妝店

ROSSMAN

在觀光區很容易發現ROSSMAN的身影，他們有出自有品牌的保養品和氣泡錠，都相當受歡迎。

✉ Rytířská 399/24, Staré Město ◐ 10:00～20:00

dm

dm品牌旗下的Balea玻尿酸及保濕膠囊是女性的最愛。

✉ Vodičkova 30, Nové Město ◐ 10:00～20:00

teta

捷克自營的藥妝店，主要以販售美妝為主。

✉ nám. Republiky 656/8, Staré Město ⏰ 10:00～20:00

手工保養品店

菠丹妮Botanicu

菠丹妮為捷克自製品牌，深受亞洲顧客喜愛，也是買舶來品送親友的十大選擇之一。

✉ Týn 640/2, Staré Město ⏰ 10:00～18:00

蔓菲羅Manufaktura

蔓菲羅為捷克自製品牌，深受捷克人喜愛，各大百貨公司都可以發現它的身影。

✉ Melantrichova 970/17, Staré Město ⏰ 10:00～20:00

水晶

LUXOR

捷克的水晶非常有名，除了有豐富的礦石還有百年傳承下來的工藝，其中推薦3家老牌水晶店，按價格高低排序：Preciosa(以珠寶、吊燈等聞名)、Moser(以水晶裝飾品聞名)、Rückl(以杯具聞名)。

✉ Velkopřevorské nám. 4, 118 00 Malá Strana, Czechia ⏰ 10:00～19:00

鞋店

Bata

Bata是捷克國民品牌，是對抗石頭路的最佳武器，百貨公司都可以看到該專櫃。

✉ Václavské nám. 6, Můstek ⏰ 09:00～21:00

市集及古物店

逛市集和淘古物都是更貼近捷克人生活的方式。

市集是最貼近一般民眾的地方，最推薦到河岸市集，在這裡可以品嘗到捷克媽媽的好手藝，但市集只能現金交易，出門前別忘了檢查荷包喔！

市集

哈維爾市集(Havelské tržiště)

哈維爾市集位於舊城區，地點方便，原本是舊城區中最能看到當地特色的市集，但因為觀光客越來越多，漸漸變成觀光景點。如果想要體驗當地人的市集，可以到河岸市集或是農夫市集走一走喔！

✉ Havelská 13, Staré Město ⏰ 08:00～19:00

河岸市集(Prague flea market)

只有週六才會有的河岸市集，市集內賣各種自製產品(例如蛋糕、餅乾、釀酒等)、自種蔬果、手工藝品、二手商品等。

✉ náplavka Rašínova nábřeží, Praha 2 ⏰ 週六08:00～14:00，冬天或是氣候不佳不開放 ➡ 地鐵至Karlovo náměstí(往Palackého náměstí出口走)，抵達河岸 ℹ 多數店家賣完就會先離開，建議9、10點抵達

農夫市集

農夫市集就像台灣的菜市場，主要販售蔬果為主，也有一些人會將家裡自釀的酒或果醬拿出來賣，有時也可以找到捷克媽媽的私房菜，如糕點或水果茶等。農夫市集通常不會每天都有。Holešovice市集規模最大，我個人則喜歡逛Anděl的市集。

▶ 農夫市集沒有賣生鮮商品，如肉類、海鮮

▲ 除了蔬果外，也有不少賣花卉的攤商

古物店

捷克可以說是買小古物的好地方，在小城區可以發現很多可愛的小店，裡面賣的多半是19世紀末、20世紀初的古物，尤其是小配件，如檯燈、打字機、門把等。

■ **Marionety Truhlář木偶店**
✉ U Lužického semináře 5, 118 00 Praha 1-Malá Strana

■ **Dům Porcelánu瓷器店**
✉ Jugoslávská 567/16, 120 00 Praha 2-Vinohrady, Czechia

▲ 位於城堡下的小城區，依然保留著中世紀的感覺，可以找到藝術品或是畫作

推薦農夫市集

農夫市集	地址	交通指引	時間	特色
Holešovice	Bubenské nábř.306/13	搭乘電車至Pražská tržnice站附近	週一～五 07:30～17:00 週六08:00～13:00	占地大，日常生活用品、衣服鞋子、蔬果都有賣，蔬果的區域很大
Anděl	Nádražní 60/114	地鐵Anděl站出口(往Centrum方向)	週五07:00～19:00	以手工藝和熟食為主的市集
共和廣場	nám. Republiky, 110 00 Nové Město	地鐵Náměstí Republiky站	週一～五 09:00～20:00	主要賣熟食或是紀念品，屬於觀光客市集
Tyl	Tylovo Nám., Nové Město, Praha 2	地鐵I.P. Pavlova站附近	週一～五 08:00～18:00	以蔬果為主，有點類似小農市場
Jirák	nám. J. z Poděbrad Praha 3	地鐵Jiřího z Poděbrad站出口	週三～五 08:00～18:00 週六08:00～14:00	

＊製表／黃以儒

捷克特色好物

購物篇

超市必買

Lipový čaj
捷克傳統的菩提花茶，是當地非常受歡迎的草本飲品。帶有微甜的蜂蜜氣息，通常咳嗽時，醫生會叫你去買來喝，可以和緩地緩解咳嗽和喉嚨不適。

鹹味脆餅
以麵粉做成，脂肪含量較低，如果不喜歡薯片的朋友，可以購買品牌Tuc或是Dupetky的餅乾試試看，比較沒有那麼鹹。約20克朗一包。

FIDORKA
圓形巧克力餅乾，有點類似台灣的新貴派，外層是巧克力包裹著夾心餅乾，口感濃郁，口味選擇多，獨立包裝適合送人，約10克朗。

Lazenske oplatky
溫泉餅，起源於溫泉勝地賣的薄煎餅，而後變成捷克特產，味道就像台灣的法蘭酥餅乾，有巧克力、香草和榛果等口味，約80克朗。

發泡錠
豐富的維他命，選擇多，每家超市都有自己品牌的發泡錠，約50克朗。

TATRANKA

Tatranka是傳統的6層威化餅乾，有健康的無穀雜糧，也有包巧克力餡，或是椰子口味，約20克朗。

Hašlerky

口味特殊，有點像枇杷糖，吃起來甜甜辣辣的，是可以掀起辦公室話題的糖果，約30克朗。

巧克力

如果要推薦可以放在辦公室桌上讓同事們自由拿取的巧克力，且是有獨立包裝的巧克力，我會推薦捷克自有品牌Orion，或是Milka、Merci、Lindt等等都是不錯的選擇，價格約80～500克朗之間。

BON PARI

捷克品牌的水果糖除了蘋果、橘子、葡萄、黑加侖等口味外，還會有蔬菜口味，例如紅蘿蔔等。約30克朗。

JOJO、HARIBO

大人小孩都最愛的水果軟糖，除了小熊造型外還有毛毛蟲、海豚等造型。JoJo和Haribo的產品幾乎一模一樣，但JoJo吃起來偏軟，Haribo吃起來較硬，約20克朗。

BECHEROVKA

捷克人心中的養身藥酒，餐前喝一小杯幫助消化，味道特別，約350克朗。

藥妝店必買

Dermacol是近年來異軍突起的捷克美妝品牌，在商場中可以看見獨立的專櫃，其中又以超高遮瑕效果的遮瑕膏賣得最好，約200克朗。

DERMACOL遮瑕膏

Balea玻尿酸、保濕膠囊、護手霜

Balea是德國藥妝店DM的自創品牌，主打美妝產品，玻尿酸系列更是必買商品，價格約在100克朗內。

Havlíkova apotéka必買

面膜產品

種類豐富，推薦3分鐘早安清潔面膜，專為早晨忙碌設計，只需要3分鐘就搞定，特別適合上班族或學生早上使用。一瓶約145克朗。

奇蹟霜

溫和不刺激，滋潤效果極佳，可以用作日常護膚，也是店裡的熱銷商品。一瓶約265克朗。

祛痘奇蹟霜

清爽的護膚霜，適合用於有痘痘或粉刺的肌膚，具有收斂效果。一瓶約486克朗。

購物篇

113 Traveling So Easy! in Czech

菠丹妮必買

天然手工皂

菠丹妮手工香皂，標榜使用純天然的材料以及傳統工法製作，口味眾多，如奇異果萊姆、杜松子和丁香等，其中最受歡迎的是玫瑰小黃瓜香皂，一個約110g約189克朗。

死海泥手工皂

有乾性和油性皮膚之分，80g約139克朗。

玫瑰系列

除了香皂外，玫瑰系列產品以高效保濕和溫和修復功能而聞名，推薦玫瑰爽膚水、玫瑰精油面霜、玫瑰按摩精油。一瓶約200〜500克朗。

啤酒花護髮膜

適合有燙染的秀髮。米白色的軟膏體，抹在秀髮上可達到緊急修復的效果，一週約用2〜3次，等待5分鐘後清洗乾淨。一瓶約295克朗。

蔓菲羅必買

啤酒花洗髮系列

捷克人愛喝啤酒，也將啤酒花用於洗髮精上，使用完後會一股啤酒的清香，最大的特色是洗完頭髮不會乾澀，也不會有頭皮屑，約229克朗。

手工肥皂

玫瑰、啤酒花、磨砂手工皂都是熱賣商品，150g約129克朗。

捷克自有品牌

帶你到百貨公司裡挖寶品質優良，設計又有型的捷克品牌！

購物篇

捷克自有服裝品牌，樂於與捷克年輕設計師合作(如Jakub Polanka)，以簡約和大膽剪裁著名，適合喜愛質感穿搭的朋友。

Pietro Filipi 低調歐風時尚感

alo 捷克珠寶的新秀

捷克幾百年來孕育了非常多厲害的工藝家，近幾年來，這些工藝世家開始經營自己的品牌，不僅用材上乘，而且價格親民。

Blažek 捷克紳士首選

捷克當地的男裝代表品牌，以剪裁俐落、休閒商務著稱，成為捷克家喻戶曉的商務男裝品牌。無論是西裝、襯衫還是皮鞋都有，上班族可以直接收進清單。

Halada 頂級工藝的新選擇

創立於1970年代的捷克高端珠寶品牌，堅持將頂級材料、匠人精神展現在珠寶上。現在已經可以在各大國際盛事上看到Halada，價格高於alo。

行家秘技 什麼時候來捷克最好買？

■ **一年兩次折扣季**
每年元旦後(1月初)和夏季過後(7月中下旬)，捷克的百貨公司和品牌店都會有大折扣，尤其是各類衣服品牌，甚至會有1折的折扣。

■ **聖誕節前的折扣**
多半價格高的大品牌會在這個時間給出折扣，例如Burberry，或是高級香水等等，也會推出很多聖誕設計的限定款，很值得收藏。

■ **黑色星期五(11月底)**
黑色星期五在捷克大約會有1週的時間，其中以化妝品、保養品和家電的折扣最多(購買家電請注意電壓)。

請注意 12/24～26很多店家都會關門休息，建議在12月中之前就開始逛街採買。當購物超過2,000 CZK時，記得申請Tax Free退稅，可以節省更多喔！

玩樂篇
Sightseeing

來去暢遊捷克！

捷克是個富含歷史、文化、自然及幻想的國家，也是尼采口中最神祕的城市。這是人們爭相前往的童話小鎮。在這裡，你可以找到所嚮往的一切。

布拉格皇家之路

探訪布拉格城堡每一個角落

　　布拉格是捷克首都，也是歐洲最受歡迎的城市之一，幾乎每個來到捷克的人都會造訪它。除了擁有深厚的歷史背景、多元的文化涵養，還保留了完整的古老建築和街道。布拉格因為地形的關係，擁有百座橫跨左右岸的石橋，因此稱為百橋之都；又因建築頂部變化特別豐富，而有了千塔之城、金色城市等美稱。著名地標有查理大橋、老城廣場上的天文鐘，以及城堡裡的聖維特主教座堂等知名景點。

　　這座城市充滿浪漫氣息，是許多作家、音樂家和藝術家的靈感來源。漫步於古老街巷、享用捷克傳統美食，布拉格總能為遊客帶來獨特的體驗，是探索中歐文化的理想起點。

布拉格皇家之路地圖

玩樂篇

- Pražský hrad
- Královský letohrádek
- 捷克國家技術博物館 Národní technické muzeum
- 皇家花園 Královská zahrada
- 萊特娜公園
- 黃金巷 Zlatá ulička
- 華倫斯坦花園 Valdštejnská zahrada
- 聖維特主教座堂 Katedrála svatého Víta
- 聖喬治教堂 Bazilika svatého Jiří
- Malostranská
- 新皇宮 Nový královský palác
- 舊皇宮 Starý královský palác
- Malostranská
- 城堡廣場 Hradčanské náměstí
- 馬提亞斯門 Matyášova brána
- 聖尼古拉教堂 Kostel sv. Mikuláše
- Malostranské náměstí
- 卡夫卡博物館 Královská zahrada
- 藍儂牆 Lennonova zeď
- 查理大橋 Karlův most
- 斯特拉霍夫修道院 Strahovský klášter
- 小區廣場 Malostranské náměstí
- 肯帕島 kampa
- 小巴黎鐵塔 Petřínská rozhledna
- 佩特辛公園 Petřínské sady
- Újezd
- 受難者雕像 Pomník obětem komunismu
- 斯特雷奇島 Střelecký ostrov
- Nový Smíchov、TESCO

行程規畫

時間	地點	交通
10:00	皇家花園	步行10分鐘
11:00	聖維特主教座堂	步行2分鐘
12:10	登聖維特主教座堂塔	
12:30	午餐（舊皇宮附近用餐）	步行2分鐘
13:00	舊皇宮	步行3分鐘
14:00	黃金巷	步行5分鐘
15:00	走天堂的階梯下山	步行15分鐘
15:15	華倫斯坦花園	步行10分鐘
16:15	卡夫卡博物館	搭電車至Čechův mos 約10分鐘
17:00	萊特娜公園	

布拉格城堡參觀資訊

城堡區開放時間

區域／景點	開放時間(4～10月)	開放時間(11～3月)
城堡園區免費開放	06:00～22:00	06:00～22:00
景點內部	09:00～17:00	09:00～16:00
聖維特大教堂塔樓	10:00～18:00	10:00～17:00

布拉格城堡票價

城堡區開放免費參觀，但如果要進入內部參觀則須購。

票種	價格(捷克克朗)	適用對象
全票	450 克朗	成人
優惠票	300 克朗	6～26歲以下學生、65歲以上長者
家庭票	950 克朗	2位成人及最多5名16歲以下兒童

＊5歲以下免費 ＊門票有效期為2天 ＊每個景點只允許進入1次
＊聖維特大教堂景觀塔須額外付200克朗門票費
＊資料時有異動，請以官方公布最新資料為主
＊製表／黃以儒

豆知識

皇室的神祕珠寶

波希米亞皇室珠寶就收藏在聖維特主教座堂的一個房間裡，包括聖瓦茨拉夫王冠、皇家權杖和加冕斗篷。這些寶藏被鎖在一個神祕的房間裡，據說必須用7把鑰匙才能打開，而這7把鑰匙分別由捷克總統、總理、大主教等7位重要人物保管。

貼心小提醒

從皇家花園路口進城堡最省時

建議從皇家花園進入城堡區，最後再從馬提亞斯之門出來。這條路線比較少人走，安檢時會快一點，且一路都是下坡，走起來比較輕鬆。

出城堡後再用餐

如果不想在城堡裡面用餐，推薦可以將午餐延至下午14:00，逛完城堡離開後，到馬提亞斯之門旁的Kuchy餐廳享用捷克料理。

▲聖維特大教堂的玻璃窗戶，每扇窗都以聖經故事為主題

▲城堡區中最顯眼的紅色房子：聖喬治大殿

▲城堡衛兵和玩具博物館前的雕像，已經成為城堡區的特色之一

皇家花園(Královská zahrada)
必看景點：皇后安妮夏宮

皇家花園是所有布拉格花園中最具歷史價值的一座花園，1534年由神聖羅馬帝國的斐迪南一世(Ferdinand I)為了自己的愛妻安妮所建。皇家花園的東側，有一座皇后安妮夏宮(Letohrádek královny Anny)，採用美麗的文藝復興風格建造。

皇家花園中有一個同樣是文藝復興時期的建築，也就是球類運動大廳(Míčovna)，高聳的拱門形狀玻璃窗正是這個球類運動大廳的特色，這裡早年作為球類運動場地使用，後來改為騎術學校，最後是軍事儲備所。

✉ Mariánské hradby 52/1, 118 00 Praha 1-Hradčany ⊙ 每年4～10月10:00～18:00。冬天關閉 $ 免費參觀 ➡ 搭乘電車22號、23號至Královský letohrádek下車，下車後即到達 ⌛ 30分鐘 ℹ 入園需要過安檢，敬請配合 🗺 P.119

▲皇家安妮夏宮目前作為藝術品展館

▲皇家花園是一座文藝復興風格的花園

聖維特主教座堂
(Katedrála svatého Víta)
必看景點：玫瑰窗、純銀打造的聖約翰之墓

聖維特主教座堂是布拉格城堡最大的亮點，也是哥德式教堂的精采範例。由查理四世(Karel IV)於1344年下令建造，卻一直到20世紀初才修建完畢，總共花費了500多年。

教堂內有一座傳奇的雕塑──用30頓銀器打造而成的五星紅衣主教聖約翰(Jan Nepomucký)雕像。相傳這位天主教主教，因幫告解者(皇后)保守告解的祕密，被國王從查理大橋丟入伏爾塔瓦河之中淹死，誓死遵守了天主教的承諾，祕密再也無人知曉。

✉ Pražský hrad III. nádvoří 48/2, 119 01 Praha 1 ☎ (00)420-224-372-434、(00)420-224-372-435、(00)420-224-373-368 ⊙ 請參考P.120 $ 請參考P.120 ➡ 搭乘電車22號、23號至Pražský hrad下車，下車後往對面直走2分鐘即抵達 ⌛ 1小時 🌐 www.hrad.cz/en/prague-castle-for-visitors ℹ 入館可拍照，但請勿用閃光燈 🗺 P.119

▲綠色的尖塔是聖維特主教座堂唯一開放攀登的高塔

舊皇宮(Starý královský palác)
必看景點：欣賞城堡區的小露台、國王寶座

布拉格現今有兩個皇宮，一個是新皇宮，目前用作捷克總統的辦公室；另一個是舊皇宮，舊皇宮既沒有凡爾賽宮的輝煌，但卻完整展現出中世紀城邦國家的歷史。在舊皇宮內最有歷史意義的是皇宮一角的窗戶，因為神聖羅馬帝國懷疑捷克波西米亞王國(České královstvi)叛變，因而引發拋出窗外事件，就是在此發生。這次的拋出窗外事件造成了歐洲三十年戰爭，此次戰爭結束後，確立了現今歐洲國家界線的劃分。

✉ Třetí nádvoří Pražského hradu 48/2, 119 00 Praha 1-Hradčany ☎ (00)420-224-372-434 ⓒ 請參考P.120 $ 請參考P.120 ➡ 搭乘電車22號、23號至Pražský hrad下車，經過聖維特主教座堂便來到舊皇宮 ⌛ 40分鐘 http www.hrad.cz/en/prague-castle-for-visitors ℹ 入館可拍照，但請勿用閃光燈 MAP P.119

▲紅色屋頂為新皇宮，藍色屋頂為舊皇宮

黃金巷(Zlatá ulička)
必看景點：第22號卡夫卡的家

黃金巷位於布拉格城堡內，是一條受到保護的中世紀風格的小巷。街名來自於住在這條街上的鍊金術師，整條街擁有童話般的外觀和色調。目前黃金巷內的人們，依然保留當時居民的生活習慣，包含日常生活的廚房、書房、浴室、臥室等，也有工匠的製鐵坊、紡織等都保存下來。但這裡最有名的莫過於黃金巷第22號的卡夫卡住宅了，當年卡夫卡承租了兩年公寓，在這裡安靜的創作。

✉ Zlatá ulička u Daliborky 13-9, 119 00 Praha 1 ☎ (00)420-224-372-434 ⓒ 請參考P.120 $ 請參考P.120 ➡ 搭乘電車22號、23號至Pražský hrad下車，經舊皇宮後便是黃金巷 ⌛ 1小時 http www.hrad.cz/en/prague-castle-for-visitors ℹ 入館可拍照，但請勿用閃光燈 MAP P.119

行家祕技：城堡區的最佳取景點

從馬提亞斯之門出來後，左手邊(星巴克)便是一覽無遺的城堡區制高點，從這裡你將收集到第一個取景點，不僅可以看到查理大橋、舊城廣場上的提恩教堂，還能看到金燦燦的國家戲劇院。

▲右手邊是著名的天堂的階梯

◀黃金巷內的房子都擁有矮屋頂、短煙囪和小巧的門

華倫斯坦花園
(Valdštejnská zahrada)

必看景點：巴洛克雕像與裝飾

　　華倫斯坦花園位於城堡區的山腳下。早年的華倫斯特宮，包含華倫斯坦花園都是古代捷克公主的宮殿，現今將部分花園開放給民眾免費參觀，花園內其他建築也被利用為國家美術館分館以及捷克參議院，是一個優美寧靜，又富有巴洛克風格的古典皇家園地。

✉ Letenská 123/4, 118 00 Malá Strana ⓒ 4～5月、10月：平日07:30～18:00，週末10:00～18:00。6～9月：平日07:30～19:00，週末與假日10:00～19:00 $ 免費參觀 ➡ Malostranská地鐵站旁 ⏱ 30分鐘 MAP P.119

▲ 華倫斯坦花園是標準的巴洛克式花園，講求對稱。城堡前的雕像以希臘神話為主題

▲ 華倫斯坦花園中的鐘乳石裝飾令人印象深刻

卡夫卡博物館 (Kafka Museum)

必看景點：站著小便的男人雕像

　　卡夫卡博物館成立於2005年，為了紀念偉大的猶太作家法蘭茲・卡夫卡。卡夫卡雖然在布拉格長大，但他擅長用德語創作，現今很多人將卡夫卡視為德國人，但他一生重要的創作基本上都在布拉格完成，而最有名的作品《變形記》便在Pařížská街30號(現址為洲際飯店)完成。位於卡夫卡博物館外有一個雕像名為《小便》(Čůrající postavy)，是捷克著名藝術家David Černý的作品。

▲ 目前在卡夫卡博物館中留有《變形記》的第一版印刷書籍

✉ Cihelná 635/2b, 118 00 Malá Strana ⓒ 10:00～18:00 $ 成人260克朗，學生、老年人、身障者180克朗，兩個大人加兩個小孩650克朗 ➡ Malostranská地鐵站上來後，往河岸走，約5分鐘即到 ⏱ 30分鐘 MAP P.119

路上觀察　尋找卡夫卡

　　想尋找卡夫卡的身影，除了在黃金巷第22號，以及卡夫卡博物館外，其實布拉格還有很多關於卡夫卡的蹤跡。位於地鐵站Národní třída旁的Quadrio百貨公司後方，有一座卡夫卡的旋轉頭(Otočná hlava Franze Kafky)，是捷克著名藝術家David Černý的作品。

　　另外，位於猶太區西班牙會堂外的紀念卡夫卡雕像(Memorial Kafka)，則是捷克著名藝術家Jaroslav Róna的作品。

俯瞰布拉格城市風光

從各個制高點俯瞰查理橋和布拉格城堡

從制高點俯瞰布拉格城市風光，是CP值最高的布拉格紀念品，來到布拉格一定要到萊特娜公園、佩特辛公園，以及高堡上，俯瞰這座遍布紅瓦與千塔的古城！

行程規畫

10:00 萊特娜公園	→電車 15分鐘→	11:00 佩特辛公園	→纜車 6分鐘→	11:40 小巴黎鐵塔	→纜車 6分鐘→	12:30 午餐
→步行 3分鐘→	13:45 藍儂牆	→步行 5分鐘→	14:30 查理大橋	→電車 10分鐘→	15:30 高堡	→電車 5分鐘→ 17:00 跳舞的房子
→電車 8分鐘→	17:30 羅浮咖啡館晚餐					

＊持有1日以上交通票的遊客，不需要再額外購買纜車票

布拉格城市風光地圖

萊特娜公園 (Letenské sady)

必看景點：布拉格明信片風景

　　萊特娜公園是布拉格市中心最大的公園之一，擁有布拉格最佳全景觀景台，以及象徵共產時期結束的巨型擺鐘（原為世界最高的史達林雕像）。往右的花園露天啤酒館是捷克人放鬆的理想場所；往左是建於1891年的哈納夫斯基館(Hanavský Pavilon)，為布拉格世界博覽會而建，現為餐廳，這裡不僅有美食，更有全布拉格最美的明信片風景。

✉ Letenske sady 173, 170 00 Praha 7-Holesovice　➡ 搭乘電車17號至 ech v most下車　⏰ 24小時開放　🗺 P.119

▲從這裡是最看右岸風光最近的地方

佩特辛公園(Petřínské sady)
必坐：佩特辛纜車

佩特辛公園是布拉格最大的市區公園，除了爬山享受芬多精外，還可以搭乘纜車到最上面參觀玫瑰花園。公園內也有許多櫻花樹，有不少人會在5月1日捷克情人節當天，與情人在櫻花樹下擁吻見證愛情。

佩特辛公園不僅有自然風光，還有人文歷史，如「飢餓之牆」是查理四世為了不讓貧窮的人民餓死，花錢請他們來興建的防禦牆。此外，在公園內也能看見共產主義受難者紀念雕像等歷史足跡。佩特辛公園除了是布拉格最大的市區公園，同樣也是布拉格左岸的制高點，可以前往佩特辛瞭望台，站在最高處鳥瞰布拉格。

✉ Petřínské sady 633, 118 00 Praha 1-Malá Strana ➡ Újezd 電車站下車後，搭乘纜車上山(持有布拉格大眾交通票也可以搭纜車) ⏱ 2小時 ℹ 佩特辛瞭望台門票一張150克朗，但不上瞭望台也可以鳥瞰布拉格 🗺 P.119

▲ 可以用布拉格大眾交通票搭乘纜車，只要在時間內，都不需再額外購票

▲ 俗稱小巴黎鐵塔的瞭望台，可以說是布拉格左岸最高的地方

藍儂牆(Lennonova zeď)
必拍：藍儂牆網美照

藍儂牆誕生於1980年代，年輕人因不滿共產政權而模仿約翰‧藍儂在牆上寫下憤怒的標語，最終在查理大橋附近導致了一場學生與警察之間的大規模衝突，共有幾百人被捲入此事件，因此激勵了更多人在這道牆上留下愛與和平的信念。在過去這堵牆是愛與和平的象徵，現今這道牆上充滿七彩且具有現代藝術的塗鴉，因此成為許多人拍攝美照的勝地。

✉ Velkopřevorské náměstí ➡ 距離查理大橋很近，可以從布拉格右岸進入查理大橋後，在左岸橋塔出口出去後，往下走約4分鐘便可抵達藍儂牆 ⏱ 10分鐘 🗺 P.119

◀ 雖然約翰‧藍儂從沒有來到這堵牆前，但後人依然以他的名字命名

查理大橋(Karlův most)
必摸：五星主教聖約翰的星星

查理大橋是由查理四世於1357年建造，1402年完工，是連繫兩岸的重要大橋。這座石橋是用蛋作為黏著劑，因此又稱為蛋橋。查理大橋、天文鐘、城堡，被譽為捷克最具有代表性的歷史建築，也是來布拉格一定要造訪的三個景點。

在參訪查理大橋時，會看到許多遊客停在一個雕像前，並且伸手觸摸，這就是著名的聖約翰雕像。聖約翰是知名的五星主教，傳說他為了替皇后守住祕密，而被國王丟入橋下而死，之後據說聖約翰的屍首頂著五星浮上水面。從此，聖約翰成了查理大橋的象徵人物，甚至成了幸運之神。相傳只要十指按着星星，面向城堡的方向許願，願望就能成真。

▲ 1683～1928年在橋墩上陸續安置了30座聖人雕像，其中最著名的是聖楊‧內波穆斯基雕像 (socha sv. Jana Nepomuckého)

▲ 小城橋塔頭 (Malostranské mostecké věže)

✉ Karlův most, 110 00 Praha 1 ➡ Staroměstská地鐵站走過去，約5分鐘；或是轉乘17號電車至Karlovy lázně下車 ⏱ 10分鐘 🗺 P.119

行家祕技：周杰倫拍婚紗的地方(斯特雷奇島)

斯特雷奇島是伏爾塔瓦河上的大型孤島之一，位於軍團橋(Most Legií)橋下，這裡是市中心一塊靜謐之地，政府也會在這裡舉辦各類的文藝活動，更增添它的浪漫人文氣息。

✉ Střelecký ostrov, 110 00 Praha 1 🕐 全天 💲 免費 ➡ 搭乘電車至Střelecký ostrov，往橋下走約3分鐘即可以抵達 ⏱ 30分鐘 ℹ 橋下有供孩童玩樂的自然遊樂場，如果有帶小孩，可以預留更多時間在此停留 🗺 P.119

▲ 老城橋塔頭(Staroměstská mostecká věže)

跳舞的房子(Tančícím dome)
必看：從頂樓欣賞風景

　　跳舞的房子於二戰期間遭流彈波及因而毀損，是布拉格少數遭遇戰爭襲擊的房子，一直到1996年建築師以翩翩起舞為靈感，將這塊破損記憶修復後，重新展現於世人面前。

　　跳舞的房子目前僅有部分作為展廳供人們參觀，另外一部分則是金姬和弗雷德餐廳(Ginger & Fred Restaurant)，主要提供法式料理為主。該建築頂層有一個玻璃吧(Glass Bar)，雖然價格不便宜(約250克朗)，但可以觀看到布拉格伏爾塔瓦河以及城堡的美景。

✉ Jiráskovo nám. 1981/6 ➡ 搭乘電車Jiráskovo náměstí站出口，步行約1分鐘 🌐 tadu.cz ⏱ 1小時 🗺 P.124

▲跳舞的房子現在主要作為電視台使用

高堡公園(Vyšehrad)
必拍：最美的黃昏風景

　　高堡公園位於伏爾塔瓦河邊陡峭的山崖上，這裡依然保留著11世紀留下的珍貴羅馬式聖馬丁圓形小教堂(Rotunda sv. Martina)、聖彼得與聖保羅大教堂(Bazilika svatého Petra a Pavla)與高堡公墓(Hřbitov Vyšehrad)，這些都是高堡公園中可以參觀的地方。

✉ Štulcova, 128 00 Praha 2-Vyšehrad ➡ 坐地鐵至Vyšehrad下車 ⏱ 1.5小時 🗺 P.124

▲慕夏為聖彼得與保羅大教堂圓頂設計新的壁畫

行家祕技：布拉格最美的黃昏風景

　　建議上午可以至萊特娜公園拍最美的明信片景點(P.119)，黃昏時刻在高堡拍布拉格的黃昏風景，兩處的風景不太一樣，在高堡區印入眼簾的是右岸至左岸的城堡風光。可以至高堡公園內的Rio's餐廳後面，從廁所旁邊的小門進去，就可以拍到正對面的布拉格城堡。

✉ Štulcova 102/2, 128 00 Praha 2-Vyšehrad ➡ Vyšehrad地鐵站，往公園方向走約20分鐘，到了聖彼得與聖保羅大教堂，再走1分鐘 ⚠ 晚上公園路燈少，最好攜伴去看夜景 🗺 P.124

布拉格巷弄文藝探險

道路都是工人一磚一瓦裝上去的

走在舊城廣場的鵝鑾石路上,體會獨特的藝術及浪漫氛圍,不論是停下腳步啜味一杯咖啡,或駐足欣賞當地的手工藝品,所到之處皆是有趣的風景與故事。

行程規畫

10:00 克萊門特學院 → 步行10分鐘 → 11:30 猶太區 → 步行5分鐘 → 12:30 午餐 → 步行3分鐘 → 14:00 天文鐘 → 步行10分鐘 → 14:30 哈維爾市集 → 步行5分鐘 → 15:00 瓦茨拉夫廣場 → 電車5分鐘 → 16:00 共和廣場、火藥塔 → 步行5分鐘 → 17:00 晚餐 → 步行 → 19:00 看歌劇

行家祕技：猶太區套票

可參觀猶太區所有對外開放建築,除了參觀建築本身,也有它的歷史意義,建築保留了二戰時期納粹入侵的傷痕,和共產時代的痕跡。可在舊新猶太會館售票處購買。

$ 成人600克朗,6～15歲孩童350克朗

布拉格巷弄文藝探險地圖

玩樂篇

- albert, BILLA
- Florenc
- Florenc (M)
- Hlavní nádraží
- Hlavní nádraží (M)
- Muzeum (M)
- Grosseto 上海飯店
- 帝國咖啡館 Café Imperial
- Palladium 200 shop
- Náměstí Republiky (M)
- Náměstí Republiky
- Kolkovna
- 共和廣場 Náměstí Republiky
- Banh Mi Makers
- Naše maso
- teta
- 市民會館 Obecní dům
- 火藥塔 Prašná brána
- 品牌街
- 慕夏博物館 Muchovo Muzeum
- Yami Sushi
- mamy
- Kotva百貨公司 Kotva
- 瓦茨拉夫廣場 Václavské náměstí
- LUXOR
- 梅斯猶太會館 Maiselova Synagoga
- 巴黎大街 Pařížská
- 聖尼可拉斯教堂 Kostel sv. Mikuláše
- LOKAL
- 瓦德斯坦花園 Valdštejnská zahrada
- 波丹妮 Botanicus
- 提恩教堂 Chrám Matky Boží před Týnem
- 艾斯特劇院 Stavovské divadlo
- ROSSMANN
- Můstek (M)
- Bata
- Ovocný Světozor
- Cukrárna-kavárna Saint Tropez
- 舊新猶太會館 Staronová Synagoga
- 天文鐘 Pražský Orloj
- 舊城廣場
- 蔓菲羅 Manufaktura
- Potrefená Husa
- dm
- IF
- Václavské náměstí
- Národní třída
- Národní třída (M)
- 猶太舊市政廳 Židovská radnice
- 舊猶太墓園 Starý židovský hřbitov
- 平卡司猶太會館 Pinkasova synagoga
- 魯道夫音樂廳 Rudolfinum
- Staroměstská (M)
- 卡夫卡展覽館 World of Franz Kafka
- 哈維爾市集 Havelské tržiště
- Melantrichova
- 國家博物館 Národní museum
- 新舞台 Nová scéna
- Čechův most
- 瑪莉安廣場 Staroměstské náměstí
- 克萊門特學院 Klementinum
- Country Life Restaurant
- Karlovy lázně
- Národní divadlo
- 查理大橋 Karlův most
- 國家戲劇院 Národní Theatre

克萊門特學院(Klementinum)
必看：世界最美圖書館

克萊門特學院最初作為耶穌會會館使用，現今一部分作為市民圖書館，一部分開放給民眾參觀，其中最受矚目的是被譽為全世界十大漂亮的巴洛克式風格圖書館。圖書館內有著唯美的壁畫以及珍貴歷史價值的地球儀。另一個亮點是360度環繞的天文塔，燈塔可以將舊城的紅屋瓦盡收眼裡，從遠處望去還可以看到天文鐘，反方向則可以看到布拉格城堡。

✉ Klementinum 190 ⏰ 1～2月：10:00～16:30，6～10月：10:00～18:00、11～12月：10:00～17:30 💲 成人380朗，學生、老年人230克朗 ➡ 地鐵Staroměstská站，步行約5分鐘 ⏱ 1小時 ℹ 圖書館內禁止拍照 MAP P.129

▲圖書館內不能拍照

舊新猶太會館(Staronová Synagoga)
歐洲最古老的猶太會堂

Synagoga是指猶太人的會堂，類似基督教的教堂。在猶太區有許多會館，包含舊新猶太會館、西班牙會堂(Španělská Synagoga)、梅瑟會堂(Maiselova synagoga)以及平卡斯會堂(Pinkasova synagoga)。如果要挑一座猶太會館參觀，就來舊新猶太會館吧！這裡建於1260年，是布拉格最古老的猶太會館，也是歐洲仍在使用的會館中最古老的。建築採用最古老的雙大廳風格，傳說這個會堂的閣樓裡放著猶太神話中的泥人Golem，泥人在猶太人裡有多重意義，在布拉格被視為守護者，據說當年納粹沒有破壞此會堂，就是因為泥人的保護。舊新猶太會館的閣樓是不能參觀的，也添加了神祕的色彩。**請注意** 參觀猶太區主要是以猶太教堂以及墓園為主，盡量不要嬉戲。

✉ Maiselova 18 ⏰ 4月～10月：週日～四09:00～18:00，11月～3月：週日～四09:00～17:00，全年週五(安息日提前1小時關閉)、週六和猶太節日關閉 💲 成人600克朗，優待票400克朗 ➡ Staroměstská地鐵站，步行約5分鐘 ⏱ 30分鐘 ℹ 猶太區的門票普遍偏貴，如果還想要參觀其他的猶太區景點，建議購買猶太區套票 MAP P.129

▲舊新猶太會館是現存最古老中世紀雙大廳猶太會館

131 Traveling **So Easy!** in Czech

魯道夫音樂廳(Rudolfinum)
僅可欣賞外部，內部不開放參觀

　　魯道夫音樂廳是世界知名的音樂廳之一，位於伏爾塔瓦河旁，建於1876～1884年，新文藝復興風格建築對稱、古典、華麗又磅礡，每年吸引無數人前往參與「布拉格之春」的音樂盛典。也是捷克愛樂樂團的所在地。

✉ Alšovo nábř. 12　$ 需持音樂會門票入場　➡ Staroměstská地鐵站，步行約2分鐘達　⌛ 約2小時(視音樂會時間長短)　🗺 P.129

▲魯道夫音樂廳旁也頗具藝術氣息，有捷克著名的設計學校以及查理大學的藝術學院

舊城廣場(Valdštejnská zahrada)
必看：舊城廣場上許多街頭藝人表演

　　舊城廣場為布拉格最具代表性的廣場，而舊城區便是以舊城廣場為中心擴散開來。舊城廣場的中心點是歐洲宗教英雄胡斯雕

▲胡斯雕像建於1915年，為了紀念殉道500週年的楊胡斯

像，依序可以看到以管風琴聞名的聖尼古拉斯教堂、精品街巴黎大街、國家美術館金斯基宮(繼羅浮宮之後，最古老的歐洲美術館)、提恩教堂、市政廳和天文鐘。

　　舊城區僅能步行，因此走在舊城廣場上吃吃東西，看街頭藝人的表演，因周圍的建築至少都有一兩百年的歷史，步行更能仔細欣賞路上的古蹟。舊城區內有著無數的藝廊、小酒吧、咖啡館、古玩店、小劇場、黑光劇院、木偶劇院等，至今仍保留過去的特色。

✉ Staroměstské nám.　🕐 全年　$ 無　➡ Staroměstská地鐵站，步行約5分鐘　⌛ 30分鐘　ℹ 廣場上的小吃較貴，建議買一點嘗鮮即可　🗺 P.129

▲廣場上的提恩教堂，至今依然作為彌撒使用

天文鐘(Pražský Orloj)
必看：每日整點報時

天文鐘是捷克最重要的象徵之一，建於14世紀，至今已經跨越了600多年，是目前世界上作為計時功能使用的最古老天文鐘。起初建造的目的是希望在市政廳的塔樓上設置一個權力的象徵物，卻沒想到創造出一座百年歷史大鐘。

布拉格天文鐘主要包括三個部分：鐘面代表太陽和月亮在天空中的方位。上半部有整點報時，由耶穌的12名門徒分別自左而右走過，門徒走完後在一聲雞鳴聲中關起窗門，骷髏左手平舉的沙漏垂下，完成報時。下半部則是代表月分的日曆盤。

✉ Staroměstské nám. 1　🕐 塔樓週一11:00～22:00、週二～日09:00～22:00　💰 成人450克朗，學生、老年人、身障者300克朗，家庭票（2大4小）900克朗　➡ Staroměstská地鐵站，步行約5分鐘　⏱ 30分鐘　ℹ 若只要看天文鐘報時為免費　🗺 P.129

▲ 天文鐘因太過雄偉，使得當時的國王害怕鐘錶師傅再建造另一個天文鐘，於是將他弄瞎

瓦茨拉夫廣場(Václavské náměstí)
必吃：在瓦茨拉夫大街上喝一杯咖啡

國家博物館正對著的就是瓦茨拉夫廣場，這裡早年是布拉格電車的行駛路段，後來改建成大廣場，現在依然可以看到當年的鐵軌遺跡以及電車。在瓦茨拉夫廣場附近有著著名的聖瓦茨拉夫雕像（聖瓦茨拉夫小故事，請參考P.18），另外還有有著名的慕夏博物館（Muchovo museum），雖然裡面不大，如果喜歡慕夏，也可以考慮進去逛逛。慕夏博物館詳請可至官網www.mucha.cz/en查看。

▲ 廣場上的露天咖啡及商家，可以好好逛街採買及停下腳步享受悠閒時光

✉ Václavské náměstí　➡ 坐綠線地鐵至Mustek下車　⏱ 1小時　🗺 P.129

哈維爾市集(Havelské tržiště)
必吃：Angelato冰淇淋

哈維爾市集是在舊城區內唯一終年營業的市集，賣的東西主要是以紀念品和水果為主，當然價錢不會很漂亮，主要是滿足沒有時間逛其他市集的遊客，至少有一處可以感受捷克市集的氣氛。若以在地人的眼光，會推薦去河岸市集以及農夫市集較能感受當地風情。

✉ Havelská 13　🕐 08:00～18:00　➡ Mustek地鐵站，約5分鐘　⏱ 30分鐘　ℹ 只能現金交易　🗺 P.129

▲ 市集有不少賣水果的攤販，但還是在超市買比較便宜

市民會館(Obecní dům)
必看：慕夏壁畫

市民會館建於20世紀初，採用新式建築風格，夢幻的壁畫裝飾則是出至於慕夏(A. Mucha)等大師之手。

因為市民會館的藝文表演屬於私人表演，所以票價高昂，可以好好評估。建議若要聽音樂會可以前往魯道夫音樂廳或是聖尼古拉斯教堂，若要看歌劇可以前往國家戲劇院。

倒是市民會館的餐廳可以試試看，雖然價格稍高，但是CP值會比看表演高，館內有法國餐廳(Francouzská restaurace)、皮爾森餐廳(Plzeňská restaurace)以及歐洲第二老的酒吧美國酒吧(Americký bar)。

▲館內除了用餐、聽歌劇，或是參加婚禮之外，並不能入內參觀

✉ Náměstí Republiky 1090/5 ➡ 地鐵Náměstí Republiky站，步行約2分鐘 ⏱ 1小時 ℹ 市民會館內的餐廳雖然價位高，但是並不表示服務與價格成正比，可以先對餐廳進行研究再做選擇 🗺 P.129

國家博物館(Národní muzeum)
必看：挑高大廳

國家博物館於2011年7月7日閉館修復，一直至2018年10月28日啟用，經歷了7年的時間。國家博物館是目前捷克最大、最老的博物館，建於1818年法國大革命後，這座博物館的誕生象徵著捷克的民族自覺。國家博物館內主要展出捷克的歷史文物，還有不定時的藝術展覽。館中最具特色的就是其挑高的對稱大廳，是仿造萬神殿所建成。博物館的夜景也十分美麗吸睛，推薦入夜後前來觀賞。

✉ Václavské nám. 68 ⏰ 週一休館，週二、週四～日10:00～18:00，週三10:00～20:00 💰 成人300克朗，學生、老年人200克朗 ➡ Muzeum地鐵站旁 🌐 www.nm.cz/en ⏱ 1小時 🗺 P.129

▼國家博物館終於以雪白、氣派的面容重新展示在世人面前

火藥塔(Prašná brána)

必逛：旁邊兩側皆是著名商圈

　　火藥塔是早期布拉格的遺跡，在過去約15世紀前，布拉格僅指舊城區，所以在城區外做了防禦型的城牆與城門，火藥塔便是當時留下來的歷史印記。爬上火藥塔需要有很好的體力，總共要爬186階梯，沿途可以看到講述聖經故事的彩繪玻璃圖案。爬到屋頂上時，紅屋瓦的舊城區、天文鐘和城堡區的美景便能收入眼簾。

✉ nám. Republiky 5 🕙 10:00～22:00 💰 成人200克朗，學生、老年人130克朗 ➡ 地鐵Náměstí Republiky站，步行約3分鐘 ⏱ 30分鐘 ℹ 攀登至塔頂，共有186階，請依自行體力決定是否需買票登塔 🗺 P.129

▲現今共和廣場的火藥塔成為布拉格城池的最後一座防禦塔樓

國家戲劇院與新舞台
(Národní divadlo、Nová scéna)

到此聽一場歌劇吧

　　一座金碧輝煌的寶蓋房頂於1881年正式開幕，這間國家戲劇院由全民捐款建成，由此可見捷克人對於戲劇的熱愛。這座劇院被用來作為話劇、歌劇、芭蕾的演出場所，看戲至今依然是捷克人深愛的休閒娛樂。捷克政府為了提供更多表演空間以及新型態的舞台設計，於1983年於國家戲劇院旁新建一座新舞台，外觀由4,000多個玻璃所組成，也是布拉格一區內少數可以見到的現代建築。

✉ Národní 2 💰 以購買戲劇票為準 ➡ 搭乘電車至Národní divadlo 🌐 www.narodni-divadlo.cz/en ⏱ 2小時 🗺 P.129

▲在共產期間，布拉格人民熱愛戲劇

行家祕技 布拉格藝術之旅

　　在捷克看歌劇或是音樂會算是歐洲CP值最高的地方，票價通常在500克朗左右，建議從國家戲劇院官網購票。觀看戲劇前可將大衣吊掛於衣帽間，此項為免費服務，但在觀劇的中場休息時間，外面迷你吧檯上的小點心以及飲料，可要付費。

🌐 www.narodni-divadlo.cz/en

■國家表演藝術廳城邦劇院(Stavovské divadlo)
✉ Železná, 110 00 Staré Město ➡ 地鐵Mustek站，步行約5分鐘 ℹ 因由莫扎特所指導的歌劇《唐‧喬望尼》(Don Giovanni)在此首演而聞名

■市民歌劇院 (Státní opera)
✉ Wilsonova 4 ➡ 地鐵Muzeum站，步行約3分鐘

■卡琳音樂劇院(Hudební divadlo Karlín)
✉ Křižíkova 283/10 ➡ 地鐵Florenc站，步行約3分鐘

欣賞音樂劇

布拉格官方售票網站Prague Ticket Office的內容很齊全，可以查詢各大劇場的演出節目。如果有興趣安排觀賞藝文表演的行程，可以到此購票。

http www.pragueticketoffice.com

Step 1　搜尋劇目

選擇日期區間、劇院地點以及劇目類型，依照自己的喜好搜尋合適的劇目。

A.依照自己的條件、喜好搜尋 / **B.**點開可以看近期演出的介紹

Step 2　選擇劇目

點選想要看的劇目，購買之前，請留意右側的注意事項。

A.購票 / **B.**可支持電子票 / **C.**票既售出，概不退換 / **D.**請穿著合宜的服裝 / **E.**中場休息為20分鐘 / **F.**票價已含服務費

Step 3　選擇座位

選擇區域以及座位排。1樓陽台包廂價格最高，2樓看台和1樓看台則是最便宜的座位區。

A.1樓陽台－包廂 / **B.**2樓看台－視線不佳 / **C.**1樓看台－站票

Step 4　付款

填選個人資料並付款，即完成購票。

布拉格親子遊

捷克國家技術博物館
(Národní technické muzeum)

必看：復古飛機、蒸汽火車、互動展區

捷克國家技術博物館是捷克最大的技術與工業博物館，位於布拉格，成立於1908年。館內展示了豐富的技術發展歷史，包括航空、交通、建築、攝影、印刷等多個領域。亮點包括復古飛機、老式汽車和蒸汽火車，以及互動性強的展區。

✉ Kostelní 42, 170 78 Praha 7　🕐 週二～日09:00～18:00　休 週一　$ 成人280 克朗，兒童150克朗　➡ 搭乘電車17號至Právnická fakulta站，步行10分鐘　MAP P.119

貼心小提醒

布拉格育兒餐廳關鍵字

布拉格是育兒的好地方，除了有很多的戶外公園，很多咖啡館，餐廳都有附室內兒童區域，讓孩子有專屬的地方可以休息，家長就可以放心吃飯、喝咖啡。Google輸入關鍵字「detsky koutek或detsky koutek café」搜尋，即可找到。

布拉格動物園
(Zoologická zahrada Praha)

必玩：世界前五名的動物園

布拉格動物園被譽為全世界最受歡迎的動物園之一，不僅是小孩喜歡，就連大人都會愛上這個充滿接近野生環境的自然動物園。

✉ U Trojského zámku 3/120　🕐 3月：09:00～17:00，4月～5月、9月～10月：09:00～18:00，6月～8月：09:00～21:00，11月～1月：09:00～16:00　$ 成人330克朗，兒童(3～15歲)、學生、老年人250克朗、家庭票1,000克朗，寵物150克朗　➡ 巴士Zoologická zahrada站，下車即達　⏱ 1天　http www.zoopraha.cz/zh/oz　MAP P.124

▲布拉格動物園號稱是沒有圍牆的動物園，就連明星史密斯夫婦都是他們的賓客

行家祕技　布拉格動物園必訪園區

■ 南美博羅羅部落保護區(Bororo Reserve)，這裡是孩子們的遊樂園。
■ 兒童動物園(Children's Zoo)，孩子可以與動物近距離接觸。
■ 園區空中纜車可以俯瞰整個園區和動物園(纜車類似滑雪時所搭乘的滑雪纜車，有孩童者請注意安全)。
■ 推薦餐廳：

Gulab ✉Pod Hrachovkou 703/6
Hostinec Gočárův dům ✉U Trojského zámku 120/3

捷克小鎮主題之旅 Česku Město

走訪捷克小鎮，探索中世紀的魅力

若你只有兩個星期的假期，你會選擇走入一座古老的城市還是探索自然風光，或是進入一座童話小鎮呢？如果來到捷克，你可以輕鬆遊覽這些地方。僅台灣兩倍大的捷克，占了14個世界文化遺產。

除了整座城市被列為世界文化遺產的布拉格，還有充滿中世紀驚悚味道的人骨教堂，有著童話小鎮之稱的克倫洛夫，有如進入格林兄弟的糖果屋的夢幻小鎮特奇，有著皇家溫泉美名的卡羅維瓦利，充滿奇石之美的波希米亞瑞士國家公園。因捷克地形為四方形，因此由布拉格出發，都可以輕易抵達這些小鎮，不僅可以有效利用假期，更可以放慢腳步穿梭在故事中的城鎮裡。

西南小鎮城堡之旅 ❶
克倫洛夫 Český Krumlov

克倫洛夫又稱為CK小鎮，這裡是每一個來拜訪捷克絕不能錯過的地方。彩色的房屋、紅磚的斜頂屋瓦、S型的小橋流水，加上小鎮以玫瑰聞名，所以走在小鎮上，抬頭往上看，可以看到童話中的房子，低頭往下看，可以看到文藝復興時期遺留下來的玫瑰圖騰，如此美景難怪被大家譽為童話小鎮，也於1992年列為世界文化遺產。

克倫洛夫是一個可以拋下地圖的小鎮，基本上慢遊、逛城堡再加上中午用餐，所需時間約為6個小時，當天往返布拉格或是在此住一個晚上都是不錯的選擇。克倫洛夫的街道相當有趣，雖然土地面積很小，但是涵蓋了居民生活的一切，有廣場、教堂、郵局、蠟像館、木製娃娃商店、水晶店、手工香皂店、煙囪捲小賣鋪等，很適合悠閒散步。夏季的克倫洛夫相當熱鬧，除了有五指玫瑰節可以參加外，還可以參加泛舟、騎馬、射箭等傳統活動。

交通方式 從布拉格搭乘Student Agency直達克倫洛夫(Český Krumlov,AN)，約3小時。下車後會看到彩繪塔，往彩繪塔的方向前進，就可以抵達童話小鎮。可安排1日克倫洛夫、傑斯凱布提約維次兩小鎮之旅。若時間有限，建議可以在克倫洛夫住一晚，隔天一早再前往赫盧博卡城堡。

行程規畫

09:00 抵達火車或是巴士傑斯凱布提約維次小鎮	公車 40分鐘	10:00 克倫洛夫城堡(約逛1.5小時)	步行 逛小鎮
12:30 午餐	搭公車 40分鐘	14:00 抵達赫盧博卡城堡(約逛1.5小時)	16:30 搭火車或公車回布拉格

行家祕技　克倫洛夫的戶外活動

泛舟
大多數人來克倫洛夫都會從高處鳥瞰克倫洛夫的美景，其實也可以從不同的角度走訪克倫洛夫，泛舟就是一個不錯的選擇。
行程時間：有短途(約1小時)或是長途(約1天)
💲600克朗～1,200克朗
🌐 www.rafting-krumlov.cz
ℹ️ 需提前預約

騎馬
另一個著名的活動就是騎馬，可以體驗捷克的鄉村原野風情。
行程時間：1小時
💲1,000克朗
🌐 www.jk-slupenec.cz/?artid=1&lang=en
ℹ️ 馬場離市中心較遠，克倫洛夫公共交通不便，建議搭計程車，車資約150克朗

139 Traveling *So Easy!* in Czech

克倫洛夫城堡
Státní hrad a zámek Český Krumlov

　　這座城堡是克倫洛夫的地標，建於13世紀，後來由盧森堡家族、哈布斯堡家族統治後，陸續擴建，建築風格也包含哥德、文藝復興、巴洛克等樣式。克倫洛夫城堡只有一個進出口，由彩繪塔往上，陸續經過下城堡、上城堡、空中走廊及城堡花園。內部的展廳展示著關於歷代城主的生活面貌，以及歷任城主的歷史。

　　最棒的是，從城堡可以俯瞰整個童話小鎮，彩繪塔上更有360度的觀景台。如果不想參觀城堡內部則不需要買票，可以直接爬上城堡拍照。

▲ 上城堡入口

✉ Zámek 59, 381 01 Český Krumlov ⏰ 4～5月、9～10月09:00～16:00，6～8月09:00～17:00，週一休館，11～3月關閉 💲 外觀建築免費參觀，入館需買票，門票包含英語導覽費用，成人300朗朗，孩童、學生210克朗。若不想要參加導覽，可購買下方的城堡博物館＋彩繪塔的套票 🌐 開放時間查詢網站 www.zamek-ceskykrumlov.cz/en/plan-your-visit/opening-hours 🌐 www.castle.ckrumlov.cz ⏱ 1小時 ℹ 城堡皆有導覽，可選：捷克語、英語、德語 🗺 P.139

彩繪塔
Zámecká věž

彩繪塔位於城堡區，最早興建於13世紀，而後完成於16世紀，屬於哥德式混合文藝復興風格。此塔樓也是克倫洛夫小鎮中最高的建築，高為54.5公尺。塔樓因外觀由顏料畫成，故名為彩繪塔。彩繪塔中有4個垂鈴，用來平衡該建築，最重的垂鈴為1,800公斤。

▲從巴士站下車後，先尋找作為入城指標的彩繪塔

✉ Zámek 59, 381 01 Český Krumlov ⏰ 10～3月09:00～15:00(12/22～01/01閉館)，4～5月、6～9月09:00～16:00 💲 彩繪塔＋博物館成人280克朗 🌐 開放時間查詢網站www.zamek-ceskykrumlov.cz/en/plan-your-visit/opening-hours 🌐 www.castle.ckrumlov.cz ⏱ 30分鐘 ℹ 攀登彩繪塔時請注意陡峭的樓梯 🗺 P.139

城堡花園
Zámecká zahrada

城堡花園建於17世紀，是典型的對稱式巴洛克花園。城堡花園正中央有座噴水池，現設有音樂廳以及旋轉式露天舞台，夏天的時候會舉辦音樂盛宴。

✉ Zámek 59, 381 01 Český Krumlov ⏰ 4月 08:00～17:00，5月～9月 08:00～19:00，10月 07:00～16:00，11月～3月關閉 💲 免費參觀 🌐 開放時間查詢網站www.zamek-ceskykrumlov.cz/en/plan-your-visit/opening-hours 🌐 www.castle.ckrumlov.cz ⏱ 30分鐘 🗺 P.139

◀城堡花園

空中走廊
Plášťový most

空中走廊是連接克倫洛夫城堡與城堡花園的通道。空中走廊位於半山腰，站在空中走廊上，還可以清楚看見克倫洛夫的美景，若不想爬上彩繪塔，站在空中走廊的視野也很好，可以空拍美麗的克倫洛夫。

✉ Zámek 59, 381 01 Český Krumlov ⏰ 4～5月、9～10月 09:00～16:00，6～8月09:00～17:00，週一休館，11～3月關閉 💲 免費參觀 🌐 開放時間查詢網站www.zamek-ceskykrumlov.cz/en/plan-your-visit/opening-hours 🌐 www.castle.ckrumlov.cz ⏱ 10分鐘 🗺 P.139

▲空中走廊

▲夏季熱門的泛舟活動，3小時一個成人約300克朗左右，依照不同項目的泛舟各有不同

▲鎮內充滿童話故事般的各種招牌

▲克倫洛夫小鎮的地窖餐廳便宜又好吃，Restaurant Bolero、Papa、KRČMA V ŠATLAVSKÉ等都是不錯的選擇

西南小鎮城堡之旅 ❷
傑斯凱布提約維次
České Budějovice

傑斯凱布提約維次是南波希米亞州最大城市，又稱為CB小鎮，也是百威啤酒的發源地。該小鎮保留完整的哥德式、文藝復興式及巴洛克式建築，在普熱米斯爾·奧托卡二世廣場(Náměstí Přemysla Otakara II.)上便可以一覽無遺。

交通方式 由布拉格到傑斯凱布提約維次可搭乘火車或是巴士，約2小時抵達。

赫盧博卡城堡
Hluboká nad Vltavou

赫盧博卡城堡位於傑斯凱布提約維次小鎮的西北方，開車約15分鐘。通往克倫洛夫小鎮的巴士會在傑斯凱布提約維次停靠，許多人會藉此到赫盧博卡城堡走一走。

赫盧博卡城堡和其他捷克城堡不同，外觀為象牙白，不是沉重的鐵黑色，因次也被譽為捷克最美的城堡，又因許多新人會到此拍婚紗，而稱為婚紗城堡。此城堡為波西米亞貴族施瓦岑貝格(Schwarzenberg)所持有，由於此家族顯赫，不論是雕刻或是地毯刺繡，都有如法國皇室貴族的水準。

赫盧博卡城堡內有兩種參觀路線：**路線A** 稱為「代表房間」，也是較推薦的選擇，主要是參觀該城堡的重要房間，如早間、閱讀間、大小餐廳、臥房等。**路線B** 稱為「私人公寓」，主要是參觀城堡最後一任主人阿道夫公爵(Adolf)與他妻子伊達公主(Hilda)的私人住所。赫盧博卡城堡有提供團體中文導覽，會在特定的時間帶領大家參觀此城堡。

✉ 373 41 Hluboká nad Vltavou 🕙 10:00～16:00 💲 代表房間(Representation rooms) 320克朗(英語、中文導覽)、180克朗(捷克語導覽)。私人公寓(Private apartments)260克朗(英語、中文導覽)、200克朗(捷、英、中文導覽) ➡ 抵達傑斯凱布提約維次小鎮後，換4號公車前往赫盧博卡城堡，下車站牌為Hluboká n.Vlt,pod kostelem，下車後約走15分鐘抵達。車資21克朗，時間為30分鐘。回到CB小鎮後，可以直接買票前往克倫洛夫小鎮，搭乘時間約40分鐘 🌐 www.zamek-hluboka.eu/en ⏱ 2小時 🚫 館內不能拍照

▲ 赫盧博卡城堡

▲ 傑斯凱布提約維次廣場上的黑塔

溫泉療養之旅

卡羅維瓦利 Karlovy Vary

卡羅維瓦利又稱為**KV**小鎮，這裡原先是歐洲皇室療養的勝地，現今是捷克最著名的溫泉小鎮。捷克的溫泉主要以治療為主，所以在溫泉會館會館中僅會看到單人泡澡浴缸，如果不習慣這種泡溫泉的方式，也可以喝溫泉水親身感受捷克的溫泉，如果想要在溫泉小鎮泡湯，最好先預約。由於卡羅維瓦利的住宿不便宜，多數人會選擇當天往返布拉格，而來往布拉格的火車、巴士也相當頻繁，一般來說，遊客會停留在這裡5個小時左右。

🔗 溫泉水療效與水溫介紹：www.karlovyvary.cz/en/colonnades-and-springs

交通方式 從布拉格前往卡羅維瓦利可以搭乘巴士或火車，火車較為舒服，巴士時間則是快半小時左右，從布拉格搭乘Student Agency，於Tržnice下車，搭乘時間約2.5個小時。
🔗 時刻表請參考IDOS：idos.idnes.cz/vlakyautobusymhdvse/spojeni

行程規畫

10:00 搭乘火車抵達卡羅維瓦利	步行約15分鐘	10:30 公園長廊(Sadová kolonáda)、磨坊溫泉長廊	步行約10分鐘
12:30午餐(大溫泉長廊附近用餐)	步行5分鐘	14:00 市集長廊(Tržní kolonáda)、大溫泉長廊(Vřídelní kolonáda)	步行約10分鐘
16:00 伊麗莎白溫泉會館泡湯	步行約15分鐘	17:30 搭乘火車回布拉格	

伊麗莎白溫泉會館
Alžbětiny lázně - Lázně V

伊麗莎白溫泉會館建1906年，為了紀念奧匈帝國最美的皇后伊麗莎白，以她的名字命名，茜茜公主(奧匈帝國最後一位皇后，被稱為最美麗的皇后）的先生約瑟夫皇帝也是此溫泉會館的客人之一。

✉ Smetanovy sady 1, Karlovy Vary　🕐 平日08:00～19:00，週六09:00～19:00，週日10:00～18:00　💲 泡湯20分鐘500克朗　🔗 www.spa5.cz/en　⏱ 1小時
🗺 P.143

▲ 伊麗莎白溫泉會館是卡羅維瓦利中最大也最美的溫泉會館，提供單人泡澡浴缸

143 Traveling *So Easy!* in Czech

玩樂篇

卡羅維瓦利地圖

- 公園長廊 Sadová kolonáda
- 磨坊溫泉長廊 Mlýnská kolonáda
- Karlovy Vary 纜車
- 市集長廊 Tržní kolonáda
- 大溫泉長廊 Vřídelní kolonáda
- 伊麗莎白溫泉會館 Alžbětiny lázně - Lázně V

磨坊溫泉長廊
Mlýnská kolonáda

　　磨坊溫泉長廊是卡羅維瓦利中最著名的長廊，全長132公尺，由124根科林斯圓柱共同組成，是捷克著名設計師Josef Zitek所設計，卡羅維瓦利有13個主要溫泉，其中5個都在磨坊溫泉長廊。

　　每個溫泉出口旁邊都有標示溫泉的溫度及編號，磨坊溫泉迴廊的溫泉最高溫是63度，最低溫是53度。卡羅維瓦利有超過10處的溫泉飲水點，每個地點都有標示水溫、含礦物、療效等，大家幾乎人手一杯接溫泉水喝，但溫泉水的礦物質高，喝起來有濃濃的鐵鏽味，記得喝的時候請慢飲。

✉ Mlýnské nábř., 360 01 Karlovy Vary 🌐 www.karlovyvary.cz/en/mill-colonnade ⏱ 30分鐘 🗺 P.143

▲ Hadí pramen因飲水壺上蛇的圖案又名蛇泉，是含二氧化碳濃度較高的溫泉，喝起來的味道有點像氣泡水

▲ 各式各樣的溫泉長廊，展現出過去這裡是貴族療癒地的驕傲

◀ 街道上到處都是賣溫泉杯的小店，溫泉杯約150克朗

▲ 卡羅維瓦利是一座被群山包圍的小鎮，因此春秋時節更可以看到自然色彩的變化

東捷的冰與火體驗 ❶
波傑布拉迪 Poděbrady

波傑布拉迪距離布拉格僅40公里，從中央火車搭乘火車約50分鐘，是一個觀光客比較少的溫泉小鎮，如果沒有時間到卡羅維瓦利，或是想要享受舒心寧靜的時光，波傑布拉迪絕對是一個很好的選擇。在波傑布拉迪，可以參觀城堡和歐洲之心一起拍照，歐洲之心是捷克藝術家為了表現捷克愛好和平，以及與歐盟同心的作品。另外還可以走水路，坐船遊附近幾個小鎮。

交通方式 從布拉格搭乘火車前往波傑布拉迪，搭乘時間約55分鐘。波傑布拉迪和庫塔赫拉距離約20分鐘，如果是自駕遊，可以來一日波傑布拉迪和庫塔赫拉兩小鎮之旅。

🌐 時刻表請參考IDOS：idos.idnes.cz/vlakyautobusymhdvse/spojeni

行程規畫

11:00 搭乘火車抵達波傑布拉迪	步行 5分鐘	11:10 波傑布拉迪花園	步行 10分鐘	11:40 午餐 (黑死病立柱廣場附近用餐)
步行 約10分鐘	13:00 波傑布拉迪城堡	步行 15分鐘	14:00 搭船遊易北河	步行 20分鐘	15:00 搭乘火車回布拉格

▲歐洲之心，展現出歐洲各地特色

行家祕技 如何從小鎮搭船遊易北河呢？

僅於3～12月開船，隨著越接近夏季班次會越多，春秋時節，約一天兩班，建議事先查好時間表。

◎開船時間：3月～12月。航線：從Poděbrady到Nymburk，再到Kovanice，然後返回，這一段路被稱為喬治國王的水路行 ◎航行時間：1小時 💰300克朗 🌐 www.kraljiri.cz ℹ️船上設有餐廳

▲此小鎮的溫泉水位於城堡旁，僅於4～10月開放

波傑布拉迪花園
Lázeňský park

波傑布拉迪花園於1932年與波傑布拉迪火車站一起新建，是一座溫泉公園，公園內也有各種溫泉水管，提供民眾飲用。

✉ nám. T.G.Masaryka, 290 01 Poděbrady　⌚ 30分鐘　🗺 P.145

行家祕技：非吃不可的溫泉餅

來到溫泉小鎮，最多人會買的就是溫泉杯(Lázeňský pohárek)以及溫泉餅(Lázeňské oplatky)，溫泉杯價格約150克朗，溫泉餅的價格約40克朗。另外現在已經很少有現做的溫泉餅，如果有遇到現做溫泉餅的小攤販一定要買喔！

▲ 現做的溫泉餅，做法如同可麗餅

波傑布拉迪城堡
Zámek Poděbrady

波傑布拉迪城堡是一座防禦型城堡，也是該地最高的建築。三十年戰爭後此城堡抵禦了多次攻擊，因此殘破不堪，而後又經歷多次重建，一直到16世紀才被哈布斯堡王朝視為文藝復興時代重要的城堡建築。在歐洲許多廣場上都可以看到黑死病紀念柱，讓人們謹記中世紀鼠疫的災難。

黑死病紀念柱通常都設置在重要的經濟或政治地帶的廣場上。波傑布拉迪的黑死病紀念柱也不例外，此廣場也是小鎮的經濟中心。

✉ Jiřího nám. 1/8, Poděbrady I, 290 01 Poděbrady　🕐 07:00～20:00　💰 20克朗　🌐 www.spa5.cz/en　⌚ 1小時　🗺 P.145

▲ 黑死病立柱廣場，是這個小鎮最熱鬧的地方

波傑布拉迪地圖

- 波傑布拉迪花園 Poděbrady park
- 黑死病立柱廣場 Plague Column
- 波傑布拉迪城堡 Zámek Poděbrady
- 波傑布拉迪搭船處 Přístaviště Poděbrady
- 易北河(Leba)

▲ 鎮上可看見圓柱體，不是廁所，也不是廣告立柱，而是投幣式的木偶劇場

東捷的冰與火體驗 ❷
庫塔赫拉 Kutná Hora-Sedlec

庫塔赫拉小鎮位於捷克東邊約**70公里**，小鎮中的人骨教堂已經是捷克最具指標的觀光景點之一，如果喜歡中世紀恐怖氣氛，一定要來走訪此地。逛完人骨教堂，聖巴巴拉教堂同樣也不能錯過，精細的雕刻與光影設計吸引許多參觀者。庫塔赫拉小鎮早年以開挖銀礦聞名，因此不難看出小鎮的精緻以及曾經繁華過的景象。因為與波傑布拉迪距離很近，自駕遊者也可以將兩個小鎮串聯在一起遊玩，規畫布拉格郊區小鎮一日遊。

交通方式 搭火車前往Kutná Hora-Sedlec，抵達庫塔赫拉中央火車站(Kutná Hora hl.n.)換車至Kutná Hora-Sedlec，下車後大約走6分鐘抵達人骨教堂，或是直接從中央火車站走約15分鐘抵達人骨教堂。從人骨教堂到聖巴巴拉教堂可以搭火車到Kutná Hora město，但車班為1小時1班，需留意乘車時間。
🌐 時刻表請參考IDOS：idos.idnes.cz/vlakyautobusymhdvse/spojeni

行程規畫

11:00 搭乘火車抵達庫塔赫拉	步行 15分鐘	11:15 人骨教堂	步行 10分鐘	12:00 搭乘火車
搭乘火車從Kutná Hora-Sedlec站到 Kutná Hora mesto		12:20午餐 (銀幣博物館附近用餐)	步行 10分鐘	13:30 銀幣博物館
16:00 聖巴巴拉教堂	步行 20分鐘	17:00 搭乘火車回布拉格		

步行 15分鐘

庫塔赫拉地圖

人骨教堂
Kostnice Sedlec

人骨教堂顧名思義就是用人骨所裝飾的教堂，此教堂中約有7萬個死於黑死病或是胡斯戰爭的人骸骨。

這裡原先只是一個哥德式的小教堂，但因修道士從耶路撒冷帶回一小塊泥土，使得這個教堂成為中世紀的貴族或皇室埋葬先祖的寶地，隨後又因戰爭或疾病，死亡人口劇增，因而將亡者埋葬於此。百年後修道士在整理此地，發現許多骸骨，於是將骸骨擺放於教堂內，成為著名的人骨教堂。

✉ Zámecká, 284 03 Kutná Hora ⓒ 11～2月09:00～16:00，4～9月08:00～18:00(週日09:00～18:00)，10、3月09:00～17:00 $ 成人90克朗，6～15歲兒童，15～26歲學生、65歲以上老年人60克朗，0～6歲免費。8人以上團體票成人75克朗，6～15歲兒童，65歲老年人65克朗 http www.ossuary.eu/index.php/en MAP P.146

▲人骨教堂已是捷克最歡迎的景點之一

銀幣博物館
České muzeum stříbra

庫塔赫拉盛產銀礦，在中世紀時，這裡相當的繁華，之後隨著銀礦產量不足而衰退。這座銀幣博物館在當時是鑄幣廠，因工人大多來自義大利，又被稱為義大利宮。

銀幣博物館還原了過去的榮景，帶領大家進入銀器的世界。此博物館的導覽有兩種，首先會介紹當年人們的生活方式，以及過去各種銀製品；再來是參觀地下銀礦，親身走在狹窄的礦道上，體驗當年礦工的辛勞。

▲銀幣博物館的鑄幣活動需要付費

✉ Barborská 28/9, 284 01 Kutná Hora ⓒ 4、10月09:00～17:00，5、6、9月09:00～18:00，7、8月10:00～18:00，11月10:00～16:00，週一休館 $ 成人170克朗，15～26歲學生，15歲以下孩童120克朗 http www.cms-kh.cz/eng/hradek-exposition ℹ 導覽時間約2.5小時 MAP P.146

聖巴巴拉教堂
Chrám svaté Barbory

聖巴巴拉教堂是一座雄偉的哥德式教堂，教堂的建造過程相當不順利，先後遇到胡斯戰爭，還有財政缺乏及設計等問題，使得聖巴巴拉教堂於20世紀才算正式完工，前後花了約500年的時間。聖巴巴拉是礦工的守護神，在入口處，有12尊聖徒迎接，教堂內部有巨大的管風琴，內部有4,000多個風管，相當壯觀。

▲聖巴巴拉教堂建於14世紀，已有700多年的歷史

✉ Barborská, 284 01 Kutná Hora ⓒ 1～2月10:00～16:00，3月10:00～17:00，4～10月09:00～18:00，11～12月10:00～17:00 $ 成人120克朗，15～26歲學生、65歲以上老年人90克朗，6～15歲兒童、行動不方便者50克朗，0～6歲免費 MAP P.146

夢幻遊湖之旅
特奇 Telč

捷克有超多讓人少女心盪漾的小鎮，特奇就是其中一個。這座小鎮於1992年被列入世界文化遺產，特奇四周被烏利斯基(Ulický Rybnik)和斯坦普尼斯基(Stepnický Rybnik)小湖圍繞，因此賞湖也是旅遊特奇必做的行程。

交通方式 從布拉格巴士總站Florenc搭乘巴士前往特奇，直達車一天只有一班；或是至Jihlava轉車，約1個小時1班車，若從Jihlava轉車大概需要2.5個小時

行程規畫

10:00 搭乘巴士抵達特奇	步行 約10分鐘	10:10 薩哈利亞修廣場		12:00 午餐 (薩哈利亞修廣場用餐)	步行 5分鐘
14:00 No.54醫生之家、No.61鎮長之家	步行 5分鐘	15:05 欣賞史代普尼茲湖	步行 15分鐘	16:30 搭乘巴士回布拉格	

薩哈利亞修廣場
Náměstí Zachariáše z Hradce

薩哈利亞修廣場是一個狹長的三角形，廣場四周由巴洛克式彩色排屋圍繞，最早是木造建築，14世紀的一場大火，導致廣場旁的建築全部重建，而改成石頭建築，石頭建築也成了特奇小鎮的特別景觀。

✉ Náměstí Zachariáše z Hradce ⏱ 30分鐘 MAP P.148

No.54醫生之家
No.54

在廣場上你可以發現有兩棟建築與其他房子不同，屋頂採鋸齒狀設計，這是特奇第54和55號房屋。當年建築師從義大利帶來了文藝復興時期的風格，但卻發現冬天下雪的問題，因此設計這些開口能便於從屋頂上除雪，使得這個屋子不僅美觀而且實用。

✉ nám. Zachariáše z Hradce 56 ℹ️ 在薩哈利亞修廣場上的建築，至今仍為當地居民使用，有些成為紀念品店，有些變成藝廊，建築外觀與內部並沒有一定的關聯 MAP P.148

特奇地圖

波西米亞大自然巡禮
捷克瑞士國家公園 Bohemian Switzerland

波西米亞瑞士國家公園有著全歐洲最大的天然石拱門Pravčická brána，如果不知道要從哪裡開始爬起，Pravčická brána絕對是最好的選擇。全程大約需耗費1個小時，基本上沒有什麼陡坡，如果要登到最頂端需要門票100克朗，從上面居高臨下的景色非常漂亮。如果覺得意猶未盡，還可以搭火車或是船前往Basteigebiet、Pravčická brána和Basteigebiet堪稱是瑞士國家公園最大的亮點。建議兩處地點都要安排一天的時間，如果之後還要前往Basteigebiet可以選擇在附近住一晚，不建議太陽下山後在山內逗留。

交通方式 由布拉格搭乘火車前往Děčín,,hl.n.，抵達後於2號站站牌換843公車前往。上車時需告知司機下車站為Pravčická brána，單程一人為27克朗，約乘坐20分鐘，上車付款，只接受現金。

行程規畫

| 11:00 搭乘火車抵達Děčín,,hl.n.車站 | 步行 5分鐘 | 11:05 抵達Pravčická brána登山口 | 搭乘公車843號前往Pravčická brána 20分鐘 |
| 11:30 登山 | 山頂處需買攻頂門票100克朗 登頂約60分鐘 | 13:00午餐 (Pravická brána山頂上僅有一家餐廳，可於此用餐) | 步行 約15分鐘 | 15:00 搭乘火車回布拉格 |

▲ 瑞士國家公園成為捷克的新興觀光景點

▲ 砂岩岩層構成的奇石，也是一大看點

▲ Pravčická brána上面僅有一家餐廳，大家可以把握機會用餐

布爾諾、瓦爾季采酒莊巡禮
Brno & Valtice

布爾諾是捷克摩拉維亞地區的文化中心,也是捷克第二大城,歷史上最有名的事蹟,就是孟德爾曾在這座城市進行碗豆交雜實驗。建議在這裡待兩天一夜,品味歐洲的葡萄酒文化。推薦住在火車站附近,這樣隔天一早便能前往更南方的小鎮瓦爾季采,尤其瓦爾季采城堡,是必逛的城堡酒窖。返程時,先從瓦爾季采回到布爾諾,然後在同一個車站換乘回布拉格。

交通方式 從布拉格中央火車站搭乘火車至布爾諾,車程約2.5小時,票價329克朗。從布爾諾搭火車至瓦爾季采,在Valtice, Aut.S站下車,車程約1小時,票價89克朗

行程規畫

第1天

| 09:30 從布拉格前往布爾諾 | →車程 2.5小時→ | 12:30 用餐、酒店入住 | →步行 25分鐘→ | 14:00 史皮爾伯克城堡 | →步行 20分鐘→ |
| 16:00 聖彼得與保羅大教堂 | →步行 10分鐘→ | 17:00 包心菜廣場用餐 |

第2天

| 08:48 前往瓦爾季采 | | 09:44 抵達瓦爾季采 | →步行 10分鐘→ | 10:00 瓦爾季采城堡 | →步行 10分鐘→ | 13:08 搭車前往布爾諾 |
| 14:39 搭車前往布拉格 | | 17:20 回布拉格,飽餐一頓 |

史皮爾伯克城堡
Špilberk Castle

必看:日落時登上城牆俯瞰全景

位於布爾諾的山丘上,建於13世紀,最初是摩拉維亞侯爵的要塞,後來成為奧地利帝國時期的關鍵軍事堡壘。如今,史皮爾伯克城堡是一座博物館,展示著布爾諾的歷史、藝術藏品和城堡本身的發展故事。遊客可以參觀城堡內的地下牢房,了解其陰暗的過去,也可以登上城牆俯瞰布爾諾的全景,特別是日落時分,風景令人震撼。

✉ Špilberk 1, Brno 🕘 09:00～17:00 💰 成人 260克朗 ⏲ 2小時
🔗 http://www.spilberk.cz

▲ 距離火車站很近,徒步便能到達

聖彼得與保羅大教堂
Cathedral of St. Peter and Paul

必看：哥德式建築的經典代表

　　這座大教堂始建於 12 世紀，聳立於布爾諾的老城區，經歷了多次改建，融合了哥德式和巴洛克風格，是哥德式建築的經典代表。其高聳的雙塔樓成為布爾諾的天際線特徵，塔樓內部的鐘聲每天中午 11 點敲響，而非正午 12 點，因三十年戰爭時，瑞典軍團企圖攻打布爾諾，遲遲未能拿下，決定在12點前未拿下便收兵，於是教堂故意在11點打響鐘聲，讓瑞典人提前撤兵。

✉ Petrov 9, Brno ⏰ 08:15～18:30(部分區域限制進入) 💲 教堂免費進入，塔樓票100克朗 ⏳ 半小時 🌐 www.petrov.cz

▲ 教堂附近的小巷內(有些非常狹窄)，隱藏著很多文青小店

瓦爾季采城堡
Valtice Castle

必看：全國最頂級的地下酒窖

　　瓦爾季采城堡是捷克南摩拉維亞地區最具代表性的巴洛克宮殿之一，曾是 Liechtenstein 家族的豪華居所。這座宮殿建於 17 世紀，擁有壯麗的建築和廣闊的庭園，展現了歐洲貴族的奢華生活方式。城堡內部裝潢精緻，展示了多個保存完好的房間、家具和藝術品，讓人一窺貴族生活的細節。

　　城堡最著名的特色是其地下酒窖，這裡是捷克國家葡萄酒沙龍所在地，收藏了全國最頂級的 100 款葡萄酒。參觀者可在此參加品酒活動，享受美酒與文化的完美結合。城堡周邊的葡萄園與田園風光增添了浪漫氛圍，非常適合徒步或騎行，是愛好歷史與葡萄酒文化的遊客不可錯過的目的地。

✉ Zámek 1, Valtice ⏰ 4～10 月09:00～17:00，11～3 月僅週末開放 💲 成人 260克朗 ⏳ 2～3 小時 🌐 www.zamek-valtice.cz

▲ 城堡內的酒窖大，葡萄酒品種眾多，每瓶酒都可以試喝

來場滑雪之旅吧！

滑雪必備知識

　　歐洲有很多美麗的山巒，每年吸引超過千萬的滑雪客，前來歐洲滑雪，相對於奧地利、義大利的山脈，捷克的山就顯得可愛許多，所以很多初學者喜歡來捷克滑雪，但也並不是所有場地都適合初學者，所以在介紹滑雪場前，一定要先有充足的滑雪知識，這個知識除了穿著、裝備之外，最重要的是了解自己的體能與技術。

了解自己的體能與技術

滑雪一般分為單板和雙板，單板較難，雙板較簡單。通常建議學過雙板再來學單板。以下是「雙板」幾個基本程度的自我判斷，因為每個人學習的階段不同，可依照姿勢做判斷。

等級	動作	滑雪場	建議
超級初學者	無法穿著雙板移動	挑選不超過200米滑道的滑雪場	此4個等級，都不建議沒有教練帶而自己上滑道
大膽初學者	可穿著雙板走路、站立		
初學者	可煞車、臥倒後爬起		
第一級	可轉彎		
第二級	可以上藍色的初級滑雪道 (modrá sjezdovka)	■建議挑選不會超過500米滑道的滑雪場，否則體力恐會不足 ■初級滑雪道，坡道斜率在15～25%之間	
第三級	可以輕鬆來回好幾趟初級滑雪道		
第四級	可以上紅色的中級滑雪道 (červená sjezdovka)	坡道斜率在25～40%之間(45%斜坡已經達垂直90度)	一定要很有經驗的才能挑戰，在此坡度摔傷易造成骨折
第五級以上	可以輕鬆來回好幾趟中級滑雪道		

＊因捷克標準的滑雪場沒有最簡單的綠色初級滑道，因此以藍色初級滑道做為初級，所以更要小心選擇滑雪場　＊製表／黃以儒

穿著與裝備

- **自備穿著**：防水保暖褲、防風外套、防水保暖手套、一般毛帽。
- **推薦店家**：ALPINE PRO、Hervis Sports、INTERSPORT、Decathlon。
- **出租設備**：滑雪板、滑雪杖。租借這兩樣基本配備一天大約250克朗。

如何選擇滑雪場

尋找滑雪場

捷克有20幾個主要滑雪區，以山脈為分區，北邊多南邊少。滑雪區域不代表滑雪場，每一個區裡面有許多滑雪場，通常難度等級較高滑雪場會有官網；如果要去小一點的滑雪場，大家可以利用Google Map來搜尋，依據滑道的長度做第一判斷，然後再判斷坡度，這是比較簡單的篩選方式。推薦給大家我親自去過、雪量較多的滑雪場，在復活節前有積雪時都可以滑雪。

滑雪區域(距離布拉格)	初學者滑道	藍色滑道(modrá sjezdovka)
Špindlerův Mlýn (150公里/車程約2小時)	✉ Harmony Club Hotel, Bedřichov 106, 543 51 Špindlerův Mlýn	✉ Špindlerův Mlýn 281 Špindlerův Mlýn, 543 51 Špindlerův Mlýn
	✉ Snowtubing Park, Horská, 543 51 Špindlerův Mlýn	
Klínovec (160公里/車程約2小時20分)	✉ Resort Novako - Ski and Summer Resort	✉ Loučná pod Klínovcem 207, 431 91 Loučná pod Klínovcem
	✉ Ski Center Bublava (Bublava 245, 358 01 Bublava)	
Ještěd – Liberec (120公里/車程約1小時30分)	✉ Ještědská 46, Horní Hanychov, 460 08 Liberec	✉ Rokytno 100, 512 45 Rokytnice nad Jizerou
Černá hora – Janské Lázně (150公里/車程約2小時)	✉ Černá hora 145, 542 25 Janské Lázně	✉ Černohorská 265, 542 25 Janské Lázně

＊一般滑雪場開放時間：09:00～16:00　＊夜間滑雪注意事項：光線較差，溫度變得較低，請衡量自己的身體狀況
＊製表／黃以儒

如何搭乘大眾交通前往推薦的滑雪場

初學者滑道

■Ještěd – Liberec

👍 Ještěd – Liberec是因為它的滑雪場離Liberec市區很近，很容易找到超市以及餐廳，對於沒有開車者相對便利。

✉ Ještědská 46, Horní Hanychov, 460 08 Liberec

➡ 在Student Agency網站上購買到Liberec, AN的巴士票（每小時一班車，車程1小時），由Student Agency的Černý Most站搭乘，到Liberec, AN下車後，下車出搭乘市區輕軌前往Horní Hanychov，下車後步行5分鐘便到滑雪場。

滑學學校：

🌐 www.skjested.cz/oddily/ls/sls/cs-cz/sls-uvod

🌐 www.liberecky-kraj.cz/dr-en/10161-ski-school-jested.html

■Špindlerův Mlýn(Harmony Club Hotel)

👍 Špindlerův Mlýn滑雪場是因為它是奧林匹克指定滑雪場，因此滑道種類多。Harmony Club Hotel雖然是飯店，但是滑雪場是對外開放的，非房客也可以使用，這間飯店非常熱門，冬季時需3個月前預訂。

✉ Bedřichov 106, 543 51 Špindlerův Mlýn

➡ 在布拉格地鐵站外的Černý Most巴士站搭乘，到Autobusové nádraží - Špindlerův Mlýn（縮寫：Špindlerův Mlýn,,aut.st.），車程約兩小時（詳細時刻表請上IDOS查詢），下車後步行20分鐘便抵達滑雪場。

滑學學校：

🌐 www.skolmax.cz

🌐 www.snowtubingpark.cz/lyzarska-skola

■Špindlerův Mlýn(Snowtubing Park)

👍 Špindlerův Mlýn滑雪場是因為它是奧林匹克指定滑雪場，因此滑道種類多。

✉ Horská, 543 51 Špindlerův Mlýn

➡ 在布拉格地鐵站外的Černý Most巴士站搭乘，到Autobusové nádraží - Špindlerův Mlýn（縮寫：Špindlerův Mlýn,,aut.st.），車程約兩小時（詳細時刻表請上IDOS查詢），Snowtubing Park位於山腳下，大約步行10分鐘。

藍色滑道

■Špindlerův Mlýn(Ski Špindlerův Mlýn)

建議初級玩家購買單趟票券（250克朗），非專業級不建議購買一日票（890克朗）。

✉ Špindlerův Mlýn 281 Špindlerův Mlýn, 543 51 Špindlerův Mlýn

➡ 在布拉格地鐵站外的Černý Most巴士站搭乘，到Autobusové nádraží - Špindlerův Mlýn（縮寫：Špindlerův Mlýn,,aut.st.），車程約兩小時（詳細時刻表請上IDOS查詢），下車後步行15分鐘便到滑雪場。

155 Traveling in Czech **So Easy!**

Ještěd滑雪場2日遊

　　Ještěd滑雪場位於捷克北部的利貝雷茨(Liberec)小鎮，是一座德式風格的小鎮，以哥德式市政廳聞名，早年這裡一直都是由德意志帝國統治，因此在這裡說德語也會通。Ještěd滑雪場是捷克少數離市中心很近的滑雪場，除了交通方便以外，兩天一夜的行程剛好還可以到市中心走走。

　　如果只想滑雪，可以坐Ještěd滑雪場提供的布拉格—滑雪場直達車，早上07:00出發至滑雪場(請於06:40左右抵達)，下午16:30出發回布拉格，每天僅此一班，票價950克朗(含一天的滑雪纜車通行證)。

地址 Horní Hanychov 577, 460 08 Liberec
網站 預訂：www.cityski.cz/rezervace；預訂滑雪纜車通行證：www.skijested.cz/en/cenik/cenik-skiareal

行程規畫

時間	行程	說明
08:50	抵達Černý Most	找到Flixbus站搭車
09:15～10:20	前往Liberec(Fügnerova)	抵達後先放行李(可選擇市中心住宿，或是滑雪場住宿)。票價：109克朗
10:54～11:10	搭乘輕軌3號前往滑雪場，再步行至滑雪區	車程約60分鐘。步行約15分鐘抵達滑雪區。票價：34克朗
11:30	用餐	雪場內的自助餐廳約200～300克朗。水(80克朗／500ml)比較貴，記得自備。
12:30	租借裝備	雪場內只有一個滑雪租借處。用費：約800克朗／1天
13:00	搭乘纜車	記得提前3週購買纜車票。票價：預訂票價390克朗，當日現場購買810克朗
13:10	開始滑雪	請依照自己的程度選擇滑道。滑雪場16:00關閉，夜間滑雪場為18:00～21:00。
17:00	返回Liberec市中心	車程約60分鐘。票價：34克朗
18:00	回酒店或用餐	
隔天	逛Liberec市中心	必逛市政廳。
15:40	搭車返回布拉格Černý Most	票價：109克朗

住宿推薦

■Wellness HotelEdelweiss
距離滑雪場步行只要5分鐘。
✉ Za Domovem 333, 460 08 Liberec-Horní Hanychov 💲 雙人房約3,000台幣／晚(含早餐)

■Pytloun Grand Hotel Imperial
距離市中心車站步行只要5分鐘。
✉ 1. máje 757/29, 460 07 Liberec 💲 雙人房約2,500台幣／晚(含早餐)

通訊應變篇
Communucation & Emergencies

在捷克怎麼上網、寄信,發生緊急狀況怎麼辦?

現今如果沒有網路可能是人們最大的麻煩,所以最好在開始旅行前就把網路準備好。
出門在外,可能身體不舒服或是弄丟東西,如果遇到突發狀況該怎麼辦?
本篇將為你介紹最便利的資訊,並告訴你遇到各種緊急狀況該如何處理。

MĚSTSKÁ
POLICIE

打電話、上網

T-mobile的價錢通常比較便宜，Vodafone在機場有據點。

從台灣打電話到捷克
台灣國際冠碼＋捷克國碼＋區域號碼＋用戶電話號碼

	台灣國際冠碼	捷克國碼	用戶電話號碼	範例
從台灣打到捷克(市話與手機)	002/009	420	233-320-606 (以捷克代表處為例)	(002)420-223-320-606

從捷克打電話到其他國家
捷克國際冠碼＋該國國碼＋區域號碼 (去0)＋用戶電話號碼

	捷克國際冠碼	該國國碼	用戶電話號碼(去0)	範例
從捷克打台灣市話	00	886	(2)-234-829-99 (以外交部為例)	(00)886-2-234-829-99
從捷克打台灣手機	00	886	0912-345-678	(00)886-912-345-678
從捷克打到奧地利	00	43	(01)-2124720 (以駐奧地利台北經濟文化代表處為例)	(00)43-1-212-472-0

各家電信公司30天預付卡方案

電信公司	方案名稱	價格	流量	通話與簡訊	購買方式
O2	O2 Prepaid GO	499克朗	10GB	50克朗	O2 門市或線上購買
Vodafone	Vodafone Card 30	299克朗	3GB	30克朗	Vodafone 門市或線上購買
T-Mobile	Twist Internet	299克朗	15GB	100克朗	T-Mobile 門市或線上購買

＊30天預付卡方案為全歐洲通用
＊以上資料時有異動，請查詢官網

購買當地SIM卡

到了捷克可以直接在當地的電信門市購買SIM卡(預付卡)，並記得請門市人員開卡。

捷克電信公司

捷克當地市占率較高的電信公司分別為：O2、Vodafone、T-mobile，其中Vodafone於機場第二航廈設有門市，辦理SIM卡非常方便，其餘的電信公司可以在各大百貨商店裡找到，或是可以在瓦茨拉夫廣場或市中心捷運站出口附近搜尋。

捷克SIM卡

購買捷克的SIM卡可以比較各家公司的優惠活動，或是以購買便利性為主。現今歐盟已打破電信的疆界，不再收取漫遊費用，若是購買捷克SIM卡，於歐盟內撥打捷克電話免費，但若撥打非捷克門號，依然以當地收費情況收費。網路數據可以在歐盟國家內使用，不會多收取費用。

▲超市也可以買到SIM卡

免費Wi-Fi

捷克的免費網路相當方便，如果沒有購買當地SIM卡，也沒有帶國際網路卡，需要上網時可以在以下地點使用免費網路，或是標註有Free Wi-Fi的地方使用。

地點	上網限制
火車站／火車上(部分)	免費上網，需同意用戶條規
連鎖速食餐廳(如麥當勞、KFC、漢堡王等)	免費上網，需同意用戶條規
捷克當地速食餐廳Bageterie Boulevard	免費上網，需同意用戶條規
星巴克、COSTA	免費上網，需同意用戶條規
一般餐廳	通常需要密碼
飯店、Hostel	通常需要密碼
百貨公司	免費上網，部分百貨公司需要填寫用戶資料

＊製表／黃以儒

郵寄

寄包裹回台灣需時一個月。

寄信

捷克的郵局為Česká pošta，在大街小巷都可以看到這個標記，郵筒更是處處可見。由捷克寄往亞洲區，目前郵票約54克朗，但幾乎年年漲價，到了郵局可以再次詢問。明信片可以在書局Luxor購買，價錢公道，如果有國際學生證還可以打9折，書局內也可以購買郵票，若是一併購買，就不用再跑一趟。

▲捷克郵筒是橘色的，相當顯目。左右口無區分都相同。

郵寄物品

現在不少人會購買廉價機票到布拉格玩，廉價航空雖然機票便宜但多半沒有附行李託運，也有人不小心買超過行李重量，在此提供一個解決的辦法──郵寄運輸。

填寫包裹單

填寫包裹單時，若沒有箱子，可以到郵局購買紙箱，最大的紙箱為50x40x30公分，價錢為49克朗。箱子的重量依規定不能超過30公斤，以免人員搬運時受傷。

A.寄件人名字＋地址 / B.收件人名字＋地址(包含國家) / C.商品價格 / D.物品類別(販賣性商品、文件、禮物、一般性商品) / E.寄件方式(一般經濟、快捷) / F.寄件人商品受損時處理方式 / G.簽名與日期 / H.商品追蹤號碼

估價

可以在寄送商品前，上捷克郵局的網站進行估價。通常10公斤在無保險費的情況，運費為500克朗，運送時間為1個月，若需要1個星期送達的急件，價錢約2,500克朗。

http www.postaonline.cz/en/kalkulacka-postovneho

161 Traveling **So Easy!** in Czech

A.送達目的國家 / B.重量 / C.公斤或克 / D.保險，商品價值 / E.是否需要確認郵件 / F.計算

事後追蹤貨品

一般來說郵寄至台灣需一個月左右的時間，也可以利用線上系統，調查商品運送進度。

http www.postaonline.cz/en/trackandtrace

託運編號
搜尋

如何到郵局抽取號碼牌

在觀光區多半有英文或是圖示操作，但大多數的郵局依然以傳統的捷克語。

A.語言 / B.主選單 / C.取件 / D.寄件 / E.儲蓄 / F.其他服務 / G.熱門服務 / H.收取包裹 / I.取信

點選「其他服務」，就會看到購買郵票的選項。

J.其他服務 / K.購買郵票

安全叮嚀

捷克的緊急求救電話皆為免費，緊急電話112、救護車156、警察局158。

旅客對於歐洲國家普遍存有治安疑慮，捷克治安比起義大利或法國雖好上許多，但也依然存在盜竊問題，加上小偷都針對來往的旅客下手，事後也難以追蹤，使得警察力不從心。因此旅客也只能多加留意。

注意事項

在車廂中，若發現有一群人突然擠入，或靠近你，最好立刻往別處車廂移動。
■ 在餐廳中，不要將手機放在桌上。
■ 在餐廳中，勿將包包用大衣蓋住，或將包包放在位子後方，或是其他空位上，都容易讓小偷有機可乘。
■ 不要認為小偷都穿著破爛，通常他們穿著得體，假裝成觀光客。
■ 陌生人向你問路、募捐，或其他理由接近你，量力而為幫忙，以自身安全為優先。
■ 錢財不要放在同一個地方。
■ 使用後背包的人，要注意後背包是否易打開。
■ 夜間(特別是冬天日照時間短)時女性盡量不要單獨在外行動。
■ 護照等身分證件必須收好，並且留一份拷貝以備不時之需。
■ 絕對不要接受陌生人換錢之要求。

▲ 隨時看緊自己的包包，也要注意隨時物品，尤其在市集或是人多的地方

緊急應對

出國前請先將重要資料備份，一份給家人保管，一份隨身攜帶。

迷路

迷路時可以向警察詢問，在觀光區尤其是舊城廣場都有駐守的警察。也可以向遊客中心詢問。

■ **舊城廣場遊客中心**

✉ Staroměstské nám. 1, Staroměstské nám. 1/4, 110 00 Staré Město

遺失物品

旅遊期間，若護照遺失或失竊，可以向「駐台北代表處」申請補發。若是錢財失竊，請記得先行報案。

護照遺失補發步驟

Step 1 報案

旅遊期間若護照遺失或失竊，可以向「駐台北代表處」申請補發。若是錢財失竊，記得先行報案，報案除了希望可以拾獲物品外，也可以藉由報案證明，回台後向保險公司申請補助，所以不要怕麻煩，如果遇到此狀況，先去警局報案。

Step 2 準備文件

- 報案證明，正、影本各1份
- 6個月內2吋半照片2張，直4.5公分且橫3.5公分(不含邊框)，以頭部及肩膀頂端近拍，使人像頭頂至下顎的長度介於3.2～3.6公分(亦即臉部占據整張相片面積的70～80%)
- 其他可以證明當事人身分的文件
- 填寫護照遺失申報表

🌐 www.roc-taiwan.org/cz/post/97.html

Step 3 申請補發

到台北經濟文化駐捷克代表處辦理。補發護照時間約10個工作天，若還需要到其他國家，請向辦事處說明，可先領取其他替代文件。

台北經濟文化駐捷克代表處

✉ Evropska 2590/33C, 160 00 Praha 6, CZECH REPUBLIC
☎ (00)420-233-320-606
☎ 急難救助電話(00)420-603-166-707；使用捷克電話撥打：603-166-707
☎ 台灣外交部緊急救助電話(00)886-800-085-095 (24小時)
🕐 受理時間週一～五09:30～11:30、13:30～16:30
🌐 www.taiwanembassy.org/CZ

163 Traveling So Easy! in Czech

通訊應變篇

信用卡遺失

不同信用卡公司對於卡片遺失的處理方式有所不同，出國前可以預先問一下持卡公司。當信用卡遺失時，請立刻聯繫信用卡公司，先將信用卡暫停，以免遭到盜刷。可用手機或是用Skype網路電話撥打。不要忘了向捷克當地警察局報案，以作為掛失信用卡證明，或是有保險者，也可以向保險公司申請賠償。

■舊城區警察局
http Bartolomějská 347/14, 110 00 Staré Město
☎ 警察局緊急電話158

信用卡及現金遺失

若不幸身上的錢用完了，錢包也被偷了，千萬不要慌張，提供「西聯匯款」及「緊急替代卡服務」兩個方法，解決這個問題。

貼心小提醒

如果信用卡跟手機都被偷了，如何掛失？

可以向店家或是住宿的旅館借電話，直接打當地免付費的VisaMaster或American Expree的求助電話，再經由該公司幫你轉接到台灣。信用卡公司會詢問發卡銀行的英文名稱，所以請記下來，以免無法告知銀行名稱。轉接時會需要一點時間，但之後就會由台灣行員用中文協助，所以請冷靜求助與等待。以下提供使用捷克當地電話撥打的方式：

■捷克Visa緊急聯絡電話 ☎800-142-121、(00)420-224-125-353、(00)1-800-847-2911
■捷克Master緊急聯絡電話 ☎800-142-494、(00)420-222-412-230
■捷克American Express緊急聯絡電話 ☎(00)-420-222-800-111

西聯匯款

Step 1 請家人匯款

請家人透過西聯匯款匯到指定服務地點。若在布拉格可以去郵局取款，較安全。匯款後告知MTCN收款密碼。

請注意 西聯匯款手續費高，依照金額多寡計算，1,000美元約55美金，若非急需盡量不要使用。
http 西聯匯款網站：business.westernunion.com/zh-hk
http 西聯匯款服務地點查詢：locations.westernunion.com/search/czechia/prague

Step 2 攜帶好文件收款

■發款人姓名
■預計金額
■發款人的國家
■MTCN收款密碼(由發款人提供)
■一組安全性問題和答案(由發款人提供)
■提款人的護照及身分證件(除非被盜，郵局會另外讓你填寫其他聲明)

捷克郵局西聯服務相關網站
http www.ceskaposta.cz(選Services→選Money orders→選International→選Money transfers)

Step 3 到指定的服務地點取款

緊急替代卡服務

在國外遺失信用卡時，可以在通報掛失時，一併申請「緊急替代卡」，信用卡發卡公司會與Visa公司聯絡，讓你在24～72小時內領到新卡，請向行員詢問如何領到新卡，或是寄送到指定地點領取。緊急替代卡並非每一家銀行都有提供此服務，出發前記得詢問，每一家的規定、收費標準和使用期限也都不同，可以一併詢問。

行家祕技 緊急現金服務

Visa與Mastercard公司都有提供緊急現金服務，雖然金額不多，但效率高，若急需時在辦理掛失以及緊急替代卡服務後，也可以申請緊急現金服務。Mastercard公司在網上的聲明為兩小時內將緊急現金交付於客戶手中。以下提供使用捷克當地電話撥打的方式：

- 捷克Visa緊急聯絡電話：800-142-121，(00)420-224-125-353，(00)1-800-847-2911
- 捷克Mastercard緊急聯絡電話：800-142-494，(00)420-222-412-230

緊急現金服務可參考：

- Mastercard：www.mastercard.com.hk(點選擇卡人→點選獲取支援→點選信用卡遺失或被盜)
- Visa：www.visa.com.tw/support/consumer/lost-stolen-card.html#2

生病受傷

如果需要救護車，請撥打156。

當地醫院(Nemocnice)

一般旅客最好前往醫院看急診，到醫院看診時，記得向醫院拿英文診斷書，才可以回台灣時申請健保海外補助。

當地藥局(Lékárna)

在捷克因為看醫生比較麻煩，滿多人會選擇到藥局買藥。到了藥局可以向藥師詢問，購買合適的藥品。捷克最大的連鎖藥局為Dr. Max以及BENU，可以利用網路搜尋離自己最近的藥局。

行家祕技 提供給外國人就醫的醫院

Fakultni nemocnice v Motol
- V uvalu 84, Smichov 150 06 Prague 5
- 捷克本地電話(00)420-224-433-682、(00)420-224-433-681
- 急診電話(00)420-224-438-590-8

Na Homolce Nemocnice
- Roentgenova 2, Smichov 150 03 Prague 5
- (00)420-257-272-144、(00)420-257-273-289
- 急診電話(00)420-257-272-191

Doctor Nonstop service
提供醫生前往住處看診的服務，但服務範圍僅限布拉格及布爾諾。若有生命危急的情況仍請撥捷克救護專線112。
- 1231
- 約2,450克朗以上

Doctor Prague Health Centre Prague, house, hotel calls 24hrs(私人醫院)
提供到府服務，但費用昂貴，約5,000克朗以上，非緊急情況請斟酌使用。
- Vodičkova 699/28, 110 00 Nové Město
- (00)420-603-433-833、(00)420-603-481-361

▲藥局標誌

貼心小提醒

可以用英語溝通的當地藥局

Lékárna IPC
✉ Náměstí Republiky 1078/1, 110 00 Nové Město(位於百貨公司Palladium的地下1樓)
☎ (00-420) 224-829-073

24小時藥局
■ Lékárna
✉ Palackého 5, Prague 1
☎ (00-420) 224-946-982

■ Lékárny Pharmapoint
✉ Belgická 37, Prague 2
☎ (00-420) 222-519-731

■ Hospital Motol
✉ V Úvalu 84, Prague 5
☎ (00-420) 224-435-736

自備藥品

旅遊前，請先準備常用的藥品隨時攜帶，如感冒藥、腹瀉、發燒、扭傷、蚊蟲藥等。但若有任何不適，還是要到醫院就醫。

▲ 捷克當地藥局

尋找廁所

請準備好5或10克朗的零錢，以備上廁所時所需。

在歐洲尋找廁所一直都不是簡單的事情，而且要找到免費廁所更是比登天還難。雖然觀光區會看到付費的流動廁所，但是環境不佳，也有被反鎖的可能。因此還是建議到地鐵站，或是百貨公司及車站內使用。

到標誌寫「Muž」，意即男廁；標誌寫「žena」，意即女廁。可以記得英文的男人是Man，所以男廁是M開頭，反之則是女廁，這樣就不會走錯了。

認識廁所標誌

在捷克多數是以圖示作為男女廁的劃分。若看

▶ 男廁   ◀ 女廁

公共廁所費用

地點	收費	說明
地鐵站	10克朗	不太找錢，請先準備好零錢
火車站	20克朗	以投幣為主，請先準備好零錢
百貨公司	10克朗	不一定要給，主要是自發性捐款為主
城堡區廁所或其他觀光景點廁所	20克朗	即便有買票參觀，捷克觀光景點廁所多半也要付費
速食餐廳、連鎖餐廳	需要密碼或免費	
旅館(Hotel)	免費	使用前先告知

＊資料時有異動，請以官方公布最新資料為主
＊製表／黃以儒

認識捷克篇

Nula 0	**jeden/ jedna/jedno** 1	**dva, dvě** 2
Tři 3	**Čtyři** 4	**Pět** 5
Šest 6	**Sedm** 7	**Osm** 8
Devět 9	**Deset** 10	**Jedenáct** 11
Dvanáct 12	**Třináct** 13	**Čtrnáct** 14
Patnáct 15	**Šestnáct** 16	**Sedmnáct** 17
Osmnáct 18	**Devatenáct** 19	
Sto 100	**dvě stě** 200	**čtyři sta** 400
pět set 500	**šest set** 600	**sedm set** 700
osm set 800	**devět set** 900	**Tisíc** 1000
Pondělí 星期一	**Úterý** 星期二	**Středa** 星期三
Čtvrtek 星期四	**Pátek** 星期五	**Sobota** 星期六
Needle 星期日	**Den** 日	**Týden** 週

Měsíc 月	Rok 年	Dnes 今天	Včera 昨天	Zítra 明天	víkend 週末
Proč 為什麼	Vánoce 聖誕節	Vánoční trh 聖誕市集		Veselé Vánoce! 聖誕節快樂	
Nový rok 新年	Šťastný nový rok! 新年快樂	Velikonoce 復活節		Sleva 打折	Ulice 街道
perlivá voda 氣泡水	Voda 水	neperlivá voda 非氣泡水		Je to neperlivá voda? 這個是非氣泡水嗎？	

行前準備篇

Banka 銀行	Směnárna 換匯所	Bankomat ATM

Peníze 錢	Směnný kurz 匯率	vybrat 提款	Koruna 克朗	vklad 存款	převod 轉帳

vyměnit si peníze 換錢	Vyjměte kartu 取出	Heslo 密碼	Vstup 確認

Storno 取消	Chyba vstupu 輸入錯誤	Prodáváme 我們賣	Nakupujeme 我們買

konto 帳戶	Kreditní karta 信用卡	Kde je banka？ 哪裡有銀行？

Jaký je směnný kurz？ 匯率是多少？	Můžu zplatit kartou？ 我可以用信用卡支付嗎？
Jakou účtujete provizi？ 手續費是多少？	Potřebuji si vyměnit peníze. 我需要換錢。

機場篇

Traveling So Easy! in Czech

捷克語指指點點

| Letiště 機場 | Přílety 入境 | Odlety 出境 |

| Východ 出口 | let 航班 | Celní 海關 | Ztráty a nálezy 失物招領 |

| Transferové Přepážky 轉機 | vyměnit si peníze 換錢 |

| Terminál 航廈 | Brána 登機門 | Místo 目的地 |

| Autopůjčovna 租車 | Taxi 計程車 | Autobus 巴士 |

| Pas 護照 | Nastup na palubu 登機中 | Odvaveni otevreno 辦理報到中 |

| Zboží k Proclení 物品申報 | Výdej zavazadel 提領行李 | Čerpací stanice 加油站 |

| Jednosměrná 單程 | Zpáteční 往返 | Kontakty 聯繫 |

| Objedná 預約 | Rezervace 保留 | Parkoviště 停車場 | Parkovací poplatek 停車費 |

Kde je check-in? 辦理登機櫃檯在哪裡？

Ktera brána? 哪一個登機口？

Kam letíte? 您的目的地在哪？

Letim do Říma 我要前往羅馬。

Jak dlouho ten let trvá? 飛行時間有多久？

Otevřete vás tašku 打開您的行李。

Užijte si svuj pobyt 祝旅行愉快。

Kde je autobusových stanici do centra? 前往市中心的巴士在哪？

交通篇

Vlak 火車	Jízdenka 車票

Nástupiště 月台	Tam 單程	Zpět 回程

Stanici odkud 出發地	Stanice kam 目的地	Autobus 巴士

Tramvaj 電車	Jízdenka 車票	Pokladna 售票櫃檯

Příští zastávka 下一站	Sazba 計費	Účet 收據

Přestu 轉車	Nastoupit 上車	Vchod 入口

Výstup 出口	Vystoupit 下車	Kolej 月台

Číslo 班次	směr jízdy 經過(哪些車站)

Zpoždění 誤點	Stanice 車站

Odkud 從	Kam 到

dospělý 成人	přestu 轉車

Odjezd 離開	Příjezd 抵達

Koupit 購買	Třída 艙等

171 Traveling **So Easy!** in Czech

捷克語指指點點

Zrušit 取消	**Rezervace místa** 預約席
Jízdní řád 時刻表	**vyhledat** 搜尋
Metro 地鐵	**Tramvaj** 電車
Kde je stanice metra? 地鐵站在哪裡？	**Kde je autobusová zastávka?** 巴士車站在哪裡？

Kde se kupují jízdenky?
哪裡可以買車票？

Kde je nejbližší zastávka tramvaje?
最近的電車站在那裡？

Jede tato tramvaj na Pražský hrad?
這輛車有到布拉格城堡嗎？

住宿篇

	Datum příjezdu 入住日期	**Datum odjezdu** 退房日期
Fén 吹風機	**Wi-Fi zdarma** 免費Wi-Fi	**Snídaně** 早餐
Koupelna 浴室		**Oddělené postele** 單人房
Manželská postel 雙人房		**Parkoviště** 停車場
Recepce 服務櫃檯		**Rychlovarné konvice** 電熱水壺

飲食篇

| Pivo 啤酒 | Nápoj 飲料 | Knedlík 捷克饅頭和麵團 |

| Omáčka 醬料 | Snídaně 早餐 |

| Oběd 午餐 | Večeře 晚餐 |

| Jídelní lístek 菜單 | Ubrousek 餐巾紙 |

| Účet 帳單 | Na zdraví! 乾杯 |

| Dobrou chuť! 用餐愉快！ | Můžu si objednat? 我可以點菜了嗎？ |

| Borga með kreditkorti 信用卡支付。 | Můžu si objednat. 我要結帳了。 |

| Můžete doporučit? 請問你推薦什麼菜色？ | Dám si pivo. 我要啤酒。 |

| Zaplatíme! 請幫我們結帳！ | Můžu zaplatím kartou? 我可以刷卡嗎？ |

| Můžete mi přinést jídelní lístek? 可以給我菜單嗎？ |

購物篇

Traveling So Easy! in Czech 173

捷克語指指點點

| **Supermarket** 超市 | **Knihkupectví** 書店 | **Drogérie** 藥妝店 |

Kosmetický
化妝品

Mýdlo
香皂

Šampon
洗髮精

Kabelka
包包

Zavřeno
關門時間

Otevřeno
開門時間

Tax free
退稅

Celní
海關

Velikost
尺寸

Máte tyto boty?
你們有這雙鞋嗎？

Kolik to stojí?
多少錢？

Kdy otvíráte/zavíráte?
你們何時開門／何時關門？

Jenom se koukám.
我隨便看看。

Mohu mít účtenku, prosím?
可以給我收據嗎？

Mohu dostat tašku, prosím?
可以請你給我袋子嗎？

Chtěla bych tohle vrátit.
我想要退貨。

Kde můžu najít supermarketu?
我可以在哪裡找到超市？

Mohu si toto vyzkoušet, prosím?
我可以試一下這個嗎？

Kde jsou kabinky?
哪裡有試衣間？

玩樂篇

| Hrad 城堡 | Muzeum 博物館 | Náměstí 廣場 |

Mapa
地圖

Jak dlouho to trvá?
多久能到？

Zahni doleva
左轉

Zahni doprava
右轉

Jdi zpátky
回頭

Jděte rovně
直走

Turistické informace
遊客中心

Záchod
洗手間

Prosim vas, kde je toaleta?
請問洗手間在哪裡？

Máte mapu města?
你有城市地圖嗎？

Kde je Staroměstské náměstí?
哪裡是舊城廣場？

Ztratil(a) jsem se.
我迷路了。

Můžete mi ukázat, kde to je na mapě?
你可以告訴我，我在地圖的哪個方向嗎？

Nemohu najít poštu. Pomohl mi pomoc?
我找不到郵局，可以幫我嗎？

Vyfotil byste nás prosím?
你可以幫我們拍照嗎？

V kolik hodin otevírají / zavírají v muzeu?
博物館幾點開門／關門？

Kde dostanu jízdenky na autobus / lístky do divadla?
我在哪裡可以買巴士票／戲劇票？

Jak se dostanu zastávku metra?
我要怎麼到地鐵站？

通訊應變篇

Traveling So Easy! in Czech

捷克語指指點點

| Odesílatele 寄件人 | Adresáta 收件人 |

| Včetně země určení 目的地國家 | Zboží 商品 | Dárek 禮物 |

| Balíku 包裹 | Document 文件 | Datum a podpis 日期與簽名 |

| Prosím vás, kolik je wifi heslo? 請問Wi-Fi密碼多少？ | Potřebuju známku do Asie. 我需要寄到亞洲的郵票。 |

| Pomoc! 救命！ | Zloděj! 小偷！ | Zavolejte policii! 打電話給警察！ |

| Zavolejte sanitku / doktora! 打電話給救護車或醫生！ | Je mi špatně. 我身體不舒服 |

| Kde je policejní stanice? 警察局在哪裡？ | Bolí hlavu 頭痛 | Bolí žaludek 胃痛 |

| Jsem nachlazený. 我感冒了。 | Mám horečku. 我發燒了。 | Bolí to tady. 這裡痛。 |

| Potřebuji do nemocnice. 我需要去醫院。 | Lékárna 藥局 |

| Chtěl(a) bych koupit internet sim kartu. 我想要買可以上網的SIM卡。 |

| Kde si mohu koupit sim? 哪裡可以買到SIM卡？ |

| Kde mohu změnit peníze? 哪裡可以換錢？ |

救命小紙條

您可以將此表影印，以中文或英文填寫，並妥善保管隨身攜帶！

個人緊急連絡卡
Personal Emergency Contact Information

姓名Name：

年齡Age：

血型Blood Type：

護照號碼Passport No.：

信用卡號碼Credit Card No.：

海外掛失電話Tel：

旅行支票號碼Traveler's Cheque No.：

海外掛失電話Tel.：

緊急聯絡人Emergency Contact：

聯絡電話Tel：

臺灣地址Home Add.：

投宿酒店Hotel：

酒店電話Tel.：

酒店地址Add.：

航空公司名稱Airline：

航空公司電話Tel.：

備註Others：

駐捷克台北代表處緊急聯絡電話

急難救助電話：(00)420-603-166-707，使用捷克電話撥打：603-166-707

領務受理時間：週一～五09:30～11:30，13:30～16:30

外館聯絡電話：(00)420-233-320-606，使用捷克電話撥打：603-166-707

外館地址：Evropska 2590/33C, 160 00 Praha 6, CZECH REPUBLIC